市场百万图

——股票期货从一万到百万

涅 风 著

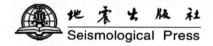

地震出版社

Seismological Press

图书在版编目（CIP）数据

市场百万图：股票期货从一万到百万 / 涅风著 . --
北京：地震出版社，2024.3
ISBN 978-7-5028-5640-3

Ⅰ. ①市… Ⅱ. ①涅… Ⅲ. ①股票市场—研究 Ⅳ.
① F830.91

中国国家版本馆 CIP 数据核字（2024）第 018974 号

地震版 XM5612/F（6473）

市场百万图——股票期货从一万到百万

涅 风 著
责任编辑：张 轶
责任校对：凌 樱

出版发行：地震出版社

北京市海淀区民族大学南路 9 号　　邮编：100081
发行部：68423031　68467991　　传真：68467991
总编室：68462709　68423029　　传真：68455221
http://seismologicalpress.com

经销：全国各地新华书店
印刷：大厂回族自治县德诚印务有限公司

版（印）次：2024 年 3 月第一版　2024 年 3 月第一次印刷
开本：700×1000　1/16
字数：182 千字
印张：14
书号：ISBN 978-7-5028-5640-3
定价：58.00 元

序

上海市期货同业公会会长、新湖期货股份有限公司董事长、大连商品交易所理事、郑州商品交易所理事、上海期货交易所战略委员会委员、中国金融期货交易所风险委员会委员、上海市静安区政协委员　　马文胜

《中华人民共和国期货和衍生品法》于 2022 年 8 月 1 日实施，《期货公司监督管理办法》（征求意见稿）在今年 3 月 25 日发布，均标志着期货市场正在搭建更好服务实体经济的高质量发展平台，这是期货行业的大事，也将引领中国期货市场的发展方向。

近些年来越来越多的上市公司、实体企业以及机构投资者对期货市场实现价格发现、风险管理、资源配置的需求越来越大。在市场的不断扩容与更多不同群体的投入参与，市场愈趋于成熟，与此同时市场对参与者的专业度要求也越来越高，因此期货公司作为期货市场的摆渡人，要围绕市场需求做好服务，这是期货公司要承担起市场功能，更好更专业地输出、服务投资者的任务。

市场不仅需要期货的理论书籍，也需要与实践紧密结合的实战类书籍。

本书作者涅风先生在 2012 年出版的《战·期货》一书就从实战的

角度，在论述震荡与趋势的关系同时揭示人与市场的关系，一经上市便在当当网上获得了 97.9% 的好评，时隔十一年再次受到作者邀请为新书作序，本人甚感开心。

开心于新书尚未正式上市便可拿到初稿先睹为快，时隔十一年的新作肯定会在深度广度上优于前一本，读完全稿深为震撼，震撼于其思想内容远超未开卷前的预想。

第一章读完即发现，市场上这么多年来传统的、有关于论述趋势方面的理念思想在本书被很好地充实和落地了，譬如"顺势而为"话虽至理名言，但不分具体位置的盲目顺势，很可能让自己处于被动局面，而"牛市不言顶"这句话细思之后也并不严谨。

在本书之前有关金融投资方面的经典理论，在论述趋势方面比较权威的有道氏理论与艾略特波浪理论，这些理论思想已经影响市场很多年了，但这些经典理论都没有告诉我们一个趋势可以分为几个具体的不同阶段，以及每个阶段的盘口任务是以什么样的量化特征出现在投资者的眼前。

而本书在充分吸收前人宝贵经验的基础上，加以深入、优化、细化，使投资者可以根据当前的形态特征清晰地辨识当前的价格是处于趋势的哪个阶段和位置。在第二章，以案例形式把趋势发展的阶段路径以模型化的方式运用在实际行情中，也完美地诠释了什么叫大道相通。

可能在很多人的眼里期货与股票并不一样，但作者在一个更高的维度上，给我们解释了"趋势"本身并不在意期货与股票有什么区别，价格只要进入了趋势中某一特定的阶段位置就有其特有的盘口规则特征，规则的提取是作者这么多年活跃在资本市场，在经历了数次牛熊周期交替循环后，对市场的观察与发现。

同时在资源配置优化效能方面，比如通过本书对趋势的阶段描述判断出价格未来将继续上涨，企业可以建立虚拟库存来回避实际库存不足的风险，同时可以通过建立"敞口利润＋经营利润＋基差利润＋

规模利润＋含权利润"来实现高质量的企业发展模式。

第三章在上一本书论述"结构图"的基础上，以更宏大的视角将市场所有的震荡行情统一在一个标准模型里，这种结构模型弥补了趋势理论的不足，正如作者所述，所有的市场都只有趋势和震荡两种状态，波浪理论是一个趋势理论的经典，但实际的市场在大部分时间都是处于震荡的状态中，似乎所有的理论都是为了发现和阐述趋势，而在有意无意地回避震荡，所以这一块在理论上一直还是个空白，但震荡结束转为趋势，趋势走到一定程度转为震荡的交替规律却始终不变。

作者从上一本书的"单结构"到这一本书的"复合结构"，通过实战案例的讲解，全面地把市场从简单的震荡开始，直到最复杂的震荡都统一在一个标准模型里了，不同级别的震荡对应不同预期的趋势行情，这时我们发现原来震荡也是有规律可循的。

震荡结束趋势即开始，震荡孕育着趋势、最复杂的震荡必然是孕育着最激动人心的趋势行情。

在前三章的基础上进入第四章，A股市场所有人都关心的上证指数，通过与股指期货的强弱比较，在包容了宏观面、基本面、技术面的维度上，再增加一个机构（主力）与大众散户在信息差的维度，形成对盘面分析的规律。机构通常都会同时配置股票和期货，股指期货既同时具备两个市场的属性，又是一个独立的期货品种，从资产管理的角度来说，当市场处于看似无规律的震荡市中，无论是股票、股指期货、还是商品期货，在"结构图"的标准模型里，不但可以预判不同级别的震荡将在大致何时结束转为趋势，也可以在正处于震荡期的市场通过期权对冲策略使收益曲线更加平滑好看。

市场所存在的盘口规律，不仅对个人投资者在基本面政策面薄弱的情况下分析大盘指数有益，对机构投资者更加准确地判断大势强弱及位置，在资产管理上使用多种工具、策略提供了更加有效的辅助信号。

无论是产业投资者、机构投资者，还是个人投资者，无论是期货、股票，还是期权，从微观方面讲无非是解决一买一卖的问题，但从宏观方面看，则终是要解决市场的两个问题：一是震荡，二是趋势。

震荡，将要震荡到何时、何位置？

趋势产生了，趋势又将最终走到哪里？

宏观的经济周期、具体标的本身的基本面，都将以预期的方式反映到市场自身，市场会包容所有再以震荡或趋势的形式展开，观察K线图表无疑是所有参与者的共同选择。

在本书的最后两章作者更是跳出了传统理论的框架教条，以全景图大纵深的多维度视角，通过价格图表的案例来具体分析一些品种的波动。

最后以原油作为大宗商品的锚，将自然界的潮汐现象作为一个投资理论提出来，把市场中一些看似不相关的事物抽丝剥茧，找出内在的必然联系建立起相互验证的逻辑链条，使投资者可更清晰地判断市场位置，这尤其对大资金寻求安全收益会起到很好的坐标参照作用。

全书读完感慨良多，由衷为中国的资本市场多出这样的一本好书感到高兴，书中从头至尾所论述的观点理论，相对于十一年前的《战·期货》几乎都是跨越性的，但难能可贵的是所有的规则都没有改变，所有的发现都源自大自然的法则，跨越体现在理论体系的纵深度，有这样一套好的投资理论，所以不奇怪涅风先生有一批学生，在近几年的全国期货实盘大赛中连年获奖，甚至一些刚入市的新手仅通过一年时间便跻身大赛奖项。

中国资本市场在几十年的发展中走向成熟，投资者亦在走向成熟中自我进化，进化是人类最强大的力量，愿这本书能给广大读者带来完全不一样的感受。

二〇二三年七月三十日

前　言

2023 年年初，《三体》迷们等待了几年的电视剧正式上映了，这是一部披着科幻的外衣、实际是讲述宇宙文明进化与人类生存法则的巅峰之作，很多人在阅读该书的过程中，可能会重新去补一补物理知识，而当这个行为产生时，就不可避免地再次遇到爱因斯坦。

爱因斯坦的弯曲时空理论有一个大家熟知的名称，叫广义相对论，在爱因斯坦之前，没有人认识到时间和空间是可以互相转换的。

虽然这个事实一直存在于我们生活的银河系中，但在我们生活的三维宏观世界的相对空间中，两者之间的转换比较抽象，人们通常会选择忽略它。

忽略它是因为没思考它，但这并不影响它的真实存在，所以从物理学的角度来看我们的世界，我们生活的宏观世界，实际上是由三维的空间加上一维的时间组成的四维时空。

从 2012 年《战·期货》出版到这本书与广大读者见面，笔者已经又在资本市场度过了 11 年，取个整数就是又一个十年吧。

在这一个十年间不止一个人问过我：涅风先生你是我为数不多的，早年因一本书认识你，而这些年却一直活跃在市场里的，经常还在微博或公众号里发表市场看法的，请问这些年过去了，你看待市场的方法还是《战·期货》一书里说的方法吗？

我说：是的……

但人却不可能一直停留在过去。

一套知识体系，如果能称之为"体系"，则代表这套知识理论具有逻辑上的完整性，理论来自于对事物的感知与认识，先是感性的认识，再通过理性的提炼总结得出了经验，用经验去付诸实践，实践又会再次完善补充现有理论，在这循环往复的过程中，理论在体系上便会向深层次发展，体系会愈接近完善。

战·体系的理论里，在前一本《战·期货》中已经有提到时空互换的表现，但那个时期的时空互换例子仍只属于宏观三维视角下的二维平面维度，并没有过多地向高维度深入。

《三体》里罗辑通过太阳向宇宙发送了三张点阵图，每张图中标出了恒星187J3X1及它周围三十颗恒星的相对位置，把这三张图按照三维坐标组合起来就构成了一个立方体，当每张点阵图中的某个点187J3X1在组合在一起的三维立体图中重合成一个点时，就确定了打击目标的准确空间位置，因此，我们可以简称之为三维图。

一维只是一条线，二维是一个平面，三维则是立体空间。

这里讲的是一个空间的概念，而把这个概念应用到我们平时的工作、生活中，我们会发现"维度"不仅仅是空间的，它还可以是角度的，也可以是层次的……

而所谓的升维思考、降维打击，其实包含了以上几个层面，高维度的可以轻易打击低维度的这是一个事实，当一个理论体系实现了维度升高之后，你会发现另一个事实，即原先低维度的东西并没有丝毫性质上的改变，只是它已经变得不重要了。

换句话来说，就是你原先认为很难的东西，现在已经不再需要用难易来定义了。

比如说《三体》中前三位面壁人都是站在地球人与三体人的角度（或说视野、或说维度）来解决三体人入侵的问题，但他们都不能阻止三体人入侵，而罗辑在悟出黑暗森林法则之后，直接绕开了这个维度。

罗辑建立起来的威慑与黑暗森林打击借助的是银河系大空间的力量，虽然三体文明程度远高于地球，但把三体文明放眼于整个银河系，却仍是微不足道的，所以罗辑能建立威慑体系是因为他借助了比三体文明更高维度的宇宙文明。

把这个思考延伸到我们的市场。我们大家来到这个市场当然都是想挣钱的，但所有的人其实都知道，市场里真正能挣钱的只有大约百分之十的人，这里就有一个"维度平衡点"的问题，在拉开一个时间长度之后看市场里的所有人，很轻易地就可以发现在处于"维度平衡点"之下都是亏钱的。

而市场的维度怎么划分，维度平衡点又在哪里？

《遥远的救世主》里有一段话，透视社会依次有三个层面：技术、制度和文化。小到一个人，大到一个国家一个民族，任何一种命运归根到底都是那种文化属性的产物。

强势文化造就强者，弱势文化造就弱者，这是规律，也可以理解为天道，不以人的意志为转移。

技术——我们可以理解为大家最熟悉的各门各类的技术分析，如果技术分析不能形成体系，就是局部并零碎的招式花架子，包括各种指标、各种形态、各种量价分析等。

制度——可以上升到交易体系的层面，在技术分析的基础上，出离了局部并能考虑到多个周期之间的关系，从而形成一套逻辑可正反向推导的理论，在这个层面已经接近或已经上到"维度平衡点"之上了，最终的落点取决于理论体系的完整度。

文化——文化不是一个独立的层面，文化本身就包含了技术与制度，技术与制度本身就是文化的产物，而产物的强弱自然亦是取决于文化的强弱。

文明的强弱取决于对大自然的认识与发现，发现的过程即是识道的过程，识什么道，识天道。

识天道就是识大自然的规律，能认识规律即是在文化属性里属于强势文化，而在强势文化下产出的交易体系自然在市场里处在较高的维度上。

现在我们可以对着市场提问了，市场的天道是什么？

战·体系的一位同学曾发出过这样一句感叹：我越来越觉得"市场就是涨完了跌，跌完了涨。"这绝不是一句废话，但真正理解这句话却用了好几年。

有道无术，术尚可求，有术无道，止于术。

道是规律、道是法则、道是真理，但如果把真理推演到最基础的原理，其原理一定是简单的。

简单到就如春夏秋冬之四季循环的变化一样，天气在春天开始便慢慢地升温，当季节的节气来到大暑之时，便是一年中气温最高的时候，这也是四季循环中气温由升到降的拐点时间，然后气温便开始逐渐下降，一直下降到大寒这个节气，气温便又慢慢地由下降转为上升。

这个季节变化的规律早已被人们掌握，而我们来到市场观察股票价格或期货价格的运行时，当你拉开足够长的时间，你会发现不论股票还是期货，它们也会遵循着这样的规律，价格在相当长的一段时间里总是在上涨，而当上涨结束之后，价格又会在相当长的一段时间里总是在下跌。

在这个维度里，市场是简单的。

但是这个市场里还有另外一个法则，他并不像我们生活中允许人们遵循二十四节气的节点去播种和收获，因为这个市场不允许所有人都赚钱，所以在上涨中也好在下跌中也好，市场总是会出现震荡，让人们认不清当下的市场是处在哪个节气中。

毕竟——

人们在春夏秋冬的季节循环里，已度过了多少年！

人们在资本市场的牛熊转换里，才经历了多少年？

这个市场并没有前辈们留下标注二十四节气的日历，于是，我们只能去研究指标，研究消息，主研究主力，等等，这些有没有用？

当然的，这些在特定的时间内能呈现出规律，那么这些研究在特定的时间里便有效，但林林总总的这些，终究还是术。

而市场的节气表在哪里？

本书将试图说明之。

目　录

第一章　市场的百万图

我们努力认识事物的形式，并不是为了形式本身，而是通过了解形式，了解这些规律，以使我们可以根据自己的愿望来改造事物。

市场趋势与百万图

所有过往，皆为序章，行而不辍，未来可期。

在我的上一本书《战·期货》的基础上，今天继续来探索市场的规律，我们首先需要确信的是，这个规律对于我们留在这个市场有意义，则最简单的道理就是，来到这个市场并留下来，只有趋势才对我们有真正的意义。

如果市场里所有的行情都一直在做无序震荡，一直不出现趋势性行情，我想绝大多数人即使来了，不久也会离去。

所以，这一章将开篇明义地抛出一幅图，这幅图是在《战·期货》出版之后，在这一个十年拿出来讲解次数最多的一幅图，标题称之为"百万图"，这不是一开始的命名，而是在多次的线下交流之后，一个受益者在某个时候这么称呼了一下，于是慢慢地都知道指的是这幅图，其实笔者也记不清具体是从哪一年开始，大家就都这么叫了。

久而久之，这幅图就有了专属名称，不管是谁在某个时候以任何方式提起"百万图"三个字，大家都知道指的是这幅图。

后来笔者才理解这个名称为什么被这样叫开了，背后隐含着的意思是："如果你真正把这幅图所揭示的市场规律理解了，那么这幅图对你来说就是价值百万。"

刚刚参加过交流的朋友，如果正在操作或正想参与某只股票抑或期货品种，因为一个共性的心理，都会有意识地去想象明天的行情会怎么走，便会对照这幅图去比较，比较现在正关心的品种是处于此图的哪个阶段。

大多数朋友会在线下交流一次之后，能够把一个当下已经经历了"百万图"全过程并相似度比较吻合的走势，完全对应上，

但如果形态（或说长相）吻合度不高的时候，很多人就会在心里

产生不敢确认的疑惑，于是会拿到群里去问，当搞清楚了自己正在关心的品种处在"百万图"具体哪个阶段的时候，后市怎么走心里大致就有个数了。

即使对明天的走势是否真的会按照"百万图"的步骤去发展不是太确信，至少也清楚后市的发展如果不按预期，也大致有个策略去应对预期之外的走法了。

预期之内，是规则，预期之外，便是破绽。

需要在看图之前郑重说明的是，这幅"百万图"是一个趋势从开始到结束、完整且标准的走势模型。

这可能是学习形态学的一个最重要的概念，什么圆弧形、W形、头肩形、发散形、菱形、楔形、旗形，等等，我们从事后看总能找出一个相似的形态名称，用以解释市场或某一个具体品种是因为符合了某个具体的形态，所以结果是这样或那样。

但是大多数人可能在很长的时间里都没有意识到，如果只是偶尔凭一个熟悉的形态赚到了钱，但却不能一直稳定地盈利，问题就是出在这里。

当下的真实行情，到底更符合哪一种形态？

我今天应该用具体哪一种形态来套用我想参与的行情？

明明前面的形态符合了，但走着走着中间的实际行情又变了，这时该怎么办？

现在的行情既像这个形态，又像那一个形态，我该怎么取舍？

这些种种情况，其实就一个情况，因为形态种类太多了，所以没有一个可以让交易者每天都按一致性原则应对的标准，而我们了解的种类越多，盘中即时而又准确调取脑记忆的困难就越大。

而所有的形态，都没有对未来的行情发展有个明确的行情步骤预期，以及如果行情中途有变时该怎么应对。

因此，我们需要的不是行情，行情每天都会有，我们需要的是一套标准，一套分析趋势与震荡的标准，一套进出场加减仓的标准。

而标准也不能是只给了开头，不给过程，更不给结尾的标准，当我们有了一个完整的标准之后，我们便可以轻易地识别不完整的形态是哪个地方半途截止的，也可以很容易比较出不标准的形态是在哪个地方出现变形的。

市场上大部分的股票图形或期货图形，都不会是符合我们投资者内心标准的完美形态，完美是一种非常态，不完美才是常态，有时或许就因为一根上影线高出一点，或下影线低了一些，便会让我们在盘中的决策产生犹豫，尽管事后看你觉得当时不应该在意那点微不足道的上影线或下影线，但事实是在那个当时我们就是在意了，并因此错过了一段行情或做错了一段方向。

因此，我们需要一个标准，一个基于市场牛熊属性的标准，只有认识了"标准"为什么标准，才能知道"不标准"的为什么不标准，及哪里不够标准。

而只有足够充分的观察市场，才能慢慢认识到"标准"的定义是什么，我们可以把"一波完整的趋势"标准的形态，比作一个标准体形的人，那么我们就可以很容易知道大多数人的体形都是不标准的，如果你去想一下一个具有"标准体形"的人是谁，那么很自然你可以说出一个答案，就是健身教练，对着健身教练的体形，我们很容易就知道我们自己哪里不标准了。

人的体形标准由人来定义，市场的趋势标准形态由市场来定义。

标准是非常态的，不标准才是常态，所以如果仅仅从形态的表面去认识市场，我们就很容易被形态的变形所迷惑。

因此，我们需要给"标准"做定义，正如给人做定义一样，无论你的体形与健身教练差距多大，但我们的骨头架一定具有同样的定义。

市场每天都是新的，与说太阳每天都是新的一样，这都是感性的说法，理性的说法应该是，当下的价格是处于市场涨跌循环的哪个周期的哪个阶段。

当我们确切地认识了位置阶段，则对于后续的市场会如何演化心里就有数了。

百万图的五个阶段

①底部盘整区，②气口区，③主推动段区，④调整区，⑤转折区。

这五个阶段是作为一个周期内、一波趋势性行情的"标准且完整"的、按步骤顺序逐次推进的一个健康的生命过程。

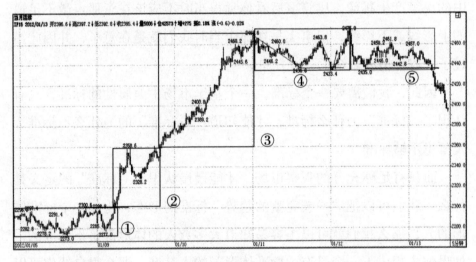

图 1-1 一波趋势的几个阶段以任务不同划分区域

这幅图是 2012 年的沪深 300 股指期货的图，刚好是在上一本书出版之后，当时也就是随手在平时操作的品种上找的，之所以选择了这样一个品种，是因为它兼顾了股票与期货的双重属性。

图中用序号标示了五个框，代表了五个阶段，下面把这几个位置的主要盘口特征要点提炼出来。

第一阶段：底部盘整区

虽然这个区内是最好的进场位置，但对多数人来说这个位置既难辨认也更难操作，故暂且一笔带过，等它脱离盘整区再说。

注意一点：从这里开始我们就假定了这个突破是有效的，故趋势已经开始了，这个趋势最终将涨到图中4框和5框的交界处。

第二阶段：气口区

气口区分两部分，一是向上突破脱离底部盘整区，二是突破之后有一个有效幅度后开始回调，就是广大股民们口中常说的回踩。

第一部分是突破后的盘口特征——一是对着盘整区突破有一定的有效涨幅，对于能及时追进去的单子，能很快就看到账面利润，这一点是我们在盘面上看到的结果。二是即时的盘口最好能看到1-2个大的阳线，因为阳线越大才越会激发人的兴奋度，大的阳线既能代表主力此时的买入力度强，亦能让市场大多数短线交易者快速跟进，当大量的短线盘在极短的时间内蜂拥而上时，无疑，这可以使主力省一些力就能使价格涨得更多一点，这一点是我们能看到的结果的成因。

第二部分是回调、做气的盘口特征——因为已经有了假定"之后仍会涨上去"，所以回调（回踩）一开始之时就可以先确定下来，回调的最低点与突破线一定会留下一个空档，回调的最低点在战·体系专业说法叫"气点"。

气点，是一波趋势性行情的标准技术性买点。

气点与突破线之间的空档叫"气口"。

因为回调的动作在性质上只是为了洗盘，而洗盘的对象只是追涨的短线盘，所以回调时价格形成的形态大多数情况下不会很标准。

但理论上至少能看到1根大阴线，或加上数个小阴小阳在盘面上呈不断下跌但实际上并没有有效的跌幅。

回调（回踩）的合理幅度大致是突破后的40%～60%，以达到可以洗去超过一半或更多一些的短线追单跟进的。

以上两部分是气口区的盘面主要细节特征，但从价格上讲，气口区在本质上还是属于主推动浪内的一部分，单独分个区是因这个位置的战略意义特殊。

第三阶段：主推动段区

主推动阶段盘面表现出来的最主要的有别于其他任何阶段的特征，就是价格会快速地连续行进，这时你如果在口中默念"不要停、不要停……"你会欣喜地发现价格真的在连续上涨，即使你刚刚看到一个阴线，盘面很快就又会收出阳线，继续向新的高点推进。

投资者在碰到这一段行情时，总是会有跟进的念头，只是你会发现盘面不会给出标准的技术上逢低买入的进场机会，稍有犹豫价格就又创新高了，由于在几次犹豫之后价格已经又有了一段明显的涨幅，这时你会发现在刚一开始想买进时就进场，到此时已经有了一段利润了，但是很遗憾。

已经错过的这一段虽然使你心有不甘，但因为此时价格已明显涨了很多，你即使仍心存买入的念头，但勇气又不够了，眼看着价格在继续向上推进，只能眼巴巴地看着，又过了一会儿，盘面终于似乎开始回调了。

目测回调的幅度，比刚才犹豫想进场却没进场时的小阴线幅度要大一点，或许你在心里想着再等等，等价格回到刚才的位置就进场，但价格并没有回调到预期的位置又勾头向上了，并且很快又涨到刚刚开始回调时的高点附近，在再一次犹豫之后价格又明显创了新高。

就这样大致两三次之后，主推动段结束了。

这一段的行情，是一整波趋势性行情当中最暴利的一段，但真正能吃到这一段利润主要取决于交易者的进场成本，即进场位置。

只有在气口区或在底部盘整区进场的交易者，在这一段快速拉升中的持仓心态是比较稳定的。

而当行情进入主推动性质的阶段时，即使是在刚刚开始的时段，对于反应速度快的交易者能够及时跟进，但由于整个这一段基本不会出现逢低买入的机会，所以反应速度再快基本上也是属于"追涨"的性质，而追涨必然怕回调，所以进场后短时间内的任何一根阴线都可能让你出局。

出局的原因看似是因为自己的成本不够好，但实际上这只是表面现象，真正的原因是没认识到当下的价格是处在什么位置，具体一点就是处在行情整体的哪个周期的哪个位置上。

这一段行情在盘面上的表现最主要的规则，就是没有合乎市场大多数时间里的标准技术形态。

在连续性大阳线出现后，可以确认为趋势的主推动段，或用波浪理论的说法叫主推动浪，整个主推动浪的这一段在盘面的表现形式上又可分两个阶段。

即主推动段含一个单边加速段，和一个速度放缓段的两个阶段。

通常情况下单边加速段在前，随后才是速度放缓段，但实际情况这两段的顺序是经常有调换的，即开始时以波浪式缓速向上推进，然后再加速度连续性向上攻击，中间几乎不作任何停留或回调，一鼓作气直接把整个第三段主推动段做完。

把这两段合起来就是主推动（单边上涨）阶段，在一整波的趋势性行情中，这种机会——只会出现一次，和必然会出现一次。

从行情定性上来说，有了这一段，整个一波即可称为趋势性行情，而如果没有这一段，则行情的定性或许只能称之为震荡式行情。

在《艾略特波浪理论》中有一句话，是整个波浪理论对于市场理解的最精髓的一句话——

"两个不同的牛市，其本质的区别就是子浪的样子不一样。"

精髓之处在于把"定性"给明确地区别开了，分两方面。

一方面是把"震荡"与"趋势"区别开了，另一方面是即使是趋势（以涨势为例），但是把"震荡式上涨"和"单边式上涨"区别开了。

"子浪的样子"，以不一样的方式来区别行情的定性，其位置就是在刚突破之后的那一会儿。

如果本就定性为"震荡"式的行情，在突破之后，不会涨很多便会再跌回到突破线附近，很自然这表明的是趋势行情不会真正发生。

而如果可以定性为"趋势"的行情，无非就两大类表现，第一类是涨得很顺畅，第二类是涨虽然在涨，但涨得不好看，有拧巴的感觉。

毫无疑问大多数交易者都喜欢第一类，这就是这一节刚讲的百万图的第3个框，看起来确实是好行情，但如果没有"底部盘整区"或"气口区"的成本优势，交易者的持仓心态不一定会很稳。

但前面同样已经说明了，这是"标准且完整"的一波趋势性行情，而市场里大数的行情在大多数时间里，都不会是标准的。

所以第二类的"震荡式上涨"的走法更多，既标准又好看的是不多的，不标准的才是常态，说到这里或许会有读者在犯嘀咕，那为什么不先讲常态情况下不标准的。

当然，笔者还是会说，想要知道不标准的在哪里不标准，必须先认识标准的标准是什么。再进一步，我们便可以认识到在常态不标准的行情里，其实也会有部分标准的地方，而这些地方如何给它定性，则完全是因为我们心中有"标准"。

比如说，定性为趋势的行情，虽然在表现形式分两大类，但这两类都有一个共同的地方，就是在气口区，而无论在主推动段走得顺畅还是拧巴，在"气点"进场，都可以使这一笔交易立于不败之地。

我们先按顺序进入到"百万图"的第四个阶段。

第四阶段：调整区

调整区完整的表达应为，完整的调整（首次）+ 调整后继续涨（创新高）。

这个调整是这一整波趋势性行情的周期关系里，主推动段（浪）

之后的一个必然的行为过程。

用一种通俗的理解就是在狂风暴雨之后总还是会有点小雨，大地震之后必然还有余震，主推动段就是一波趋势中狂风暴雨式的上攻。

先看调整的部分。

技术上的逻辑描述是次一周期的下跌，逻辑的细节描述是一次完整的下跌＋一次不完整的下跌，合为一次完整的调整。

注意这个调整在定义上强调的是：完整、首次。

对应完整一词，可以去比较第 3 段（浪）里也有调整，但那个框里面所有的调整都是不完整的，一两根阴线的回调，或几个小阴小阳交错的回调，很快就又创新高了，这样的调整看不到完整的形态。

首次即是一波趋势正式发生之后，当一个单边拉升结束之后，才会有的第一次有技术形态的真正调整，因为当价格处在主推动段，其任务就是不停地涨，不停地创新高，直到完成这一阶段的在定性上可以确立为趋势的幅度为止。

这样的第 3 框阶段，就可以称为一整波趋势行情里内部小一级别的一个完整的上涨，当一个完整的上涨结束了，自然就转入一个完整的调整。

而这个完整的调整，从调整属性上则属于整个百万图在趋势明确之后的"首次"调整。

逻辑描述（次一周期）的一次完整的下跌＋一次不完整的下跌，合为一个对整个百万图的首次完整调整，这个调整从形态上看，就是上一本书《战·期货》里面讲的结构图，这是一个多头结构。

多头结构，是一个做多买入的标准技术形态，这个形态应用在股票里，如果整个百万图是在日线周期里，则次一周期是指小时周期形成此形态，可以在结构形成并确立时进场，因为本身是处在日线周期的上涨中，即使最后只是创新高后不久便掉头向下，那么在结构的末尾处至创新高至少还有百分之二三十的幅度。

再看创新高的部分。

价格经过一个形态完整的调整后，继续向上推进，当涨过第3阶段最高点时，百万图的第四阶段的必要条件就达到了，从量化的标准来说只需要高过一个价位就可以，但实际上恰恰高过一个价位的情况只是极小概率，大多数情况下第四阶段的最终高点，与第三阶段的最高点在视觉上还是有点明显幅度的。

而从定性上定义这一段，则这一段上涨是属于一整波上涨趋势在主推动段结束后的延续性质，也可以理解为一件事情的收尾阶段。

则按照百万图的标准模式，一旦收尾阶段的必要条件达到了，就可以随时结束整个这波趋势了。

但要注意一点，图1-1是个标准模式，通常情况的实际走势不可能完全一样，最后的高点或许会更高一些，以及最后的一波也可以是以波浪式向上涨过去，在后面的章节里我们再对一些不标准的形式作更多的补充说明，

但无论以什么形式过第3框的高点，谨记一点就是最后一波的绝对价格超过第3框的高点是必要条件，在达到必要条件之后还能以什么形式和还能涨多少，可以再切换到小周期里去具体分析。

第五阶段：转折区

第五个阶段是趋势可能会转折的位置，因为在后面行情发生下跌的结果没出来之前，市场里的大多数人在这一段时间里，思维已经被第三和第四阶段行情的上涨培养出了惯性。

这就类似平时我们对待一件公众事件，能引发足够多的大众关注的事件，一定会有很多媒体来评论，当一种倾向的观点被很多的媒体发出后，我们很可能会在不知不觉中就认可了这种观点。

这足以说明大多数人的价值观倾向都是在舆论的引导下完成的，大众不可能个个都具备独立、通透的分辨能力。

但这很符合市场的盈亏法则，如果市场在掉转方向之时，每个投资者都能准确地判断出来，那这个交易的游戏很快就无法继续进行了。

百万图在第 3 阶段形成狂风暴雨般上涨的事实，和在第四阶段经过一个完整的回调又继续创新高的事实，很容易就会使大多数交易者认可这个上涨的事实。

是的，这两个阶段确实是在上涨，认可并没有错。

但市场总是会让大部分的交易者犯错，这是市场的功能，这个功能是由市场的盈亏法则决定的。

所以我们进入这个市场，需要有一套独立的、建立在市场运行规律基础上的看盘分析体系，在这个体系里使我们可以尽量避免使用被引导的思维，而是用规则来解读市场。

市场规则与百万图

规则就是（在每个周期级别内）一波趋势性的行情，只会有一个单边拉升段，我们可以称之为高潮部分，就像一首美妙的音乐只会有一个高潮部分。

如果把高潮部分视为百万图的第三阶段主推动浪，那第四阶段就是高潮过后的转入平缓阶段来收尾了，这样一首"百万图"的乐曲就可以结束了。

如果想继续期待下一个高潮到来，只能再等下一首乐曲了。

看到这里可能有的读者会问，那我在有的音乐里或有的电影里，怎么感觉从头到尾都是很好听、很好看，会有高潮迭起的感觉？

注意笔者刚才强调的是，在每个周期级别内的一波趋势，只有一个高潮部分。

一部好看的电影通常都在两个小时左右，而这个时间跨度肯定会有好多个场景切换，这样每个场景就相当于整部电影里面小节的"每一个小的周期级别"了，那么观影者可以在每一节都感受到每一节内的高潮部分，但最后观影者对电影的整体感受，肯定只会有一个最高潮部分。

有很少数的音乐或电影是在最高潮部分戛然而止，但毋庸置疑的是绝大部分都会在高潮部分之后有个让情绪回复平缓的收尾阶段，体现在行情里就是百万图的第四个阶段。

交易，来源于生活。

当行情行至百万图的第五个阶段时，首先是一个创新高之后的回调，这个回调的第一笔下跌，其主要的一个盘面特征是会在第4框的最低点附近或上方一点止跌。

为什么要在这个位置先止住下跌？因为市场里的很多人会把止损或跟踪止盈就设在这个低点的附近或稍下方一点点，当价格在这里止跌又开始重新向上涨时，这时大多数交易者的思维仍会停留在第三和第四阶段的上涨惯性里。

有持仓但没有触发止损的仍留在里面，而前面想进场但实际还未进场的投资者，会认为市场是重新给了一个逢低买入的机会，这种按捺不住的心情会促使投资者随着价格的重新上涨而进场了。

但止跌后的上涨，其上涨的态势不会很顺畅，大体上就是以波浪或阴阳交错的形式震荡式向上，但只要是价格在向上涨，它总还是会使人们对后市的上涨继续充满着主观上的希望。

毕竟在真正的下跌没有成为事实之前，行情当前的态势确实仍是向上的感觉，但价格会在第四阶段的最高点、也是整个百万图的最高点的下方再次掉头向下，这次向下算是第五阶段的第二笔下跌。

第二笔下跌的方式会与第一笔下跌有所改变，最明显的感受就是在价格到达第一笔下跌的最低点之前，其节奏会放缓，这种节奏很容易让人解读出"跌不动"的感觉，有了这种感觉自然就不会在这里轻易地卖出，无论是在第三、第四阶段进场的投资者，还是刚刚才进场的投资者，基本都会保持着情绪的稳定。

但价格还是向下接近了第一笔下跌的最低点附近，也许会作短时间停留，也许就是接近时直接用大阴线跌穿第一笔下跌的最低点，这个最低点作为一个重要的技术（支撑）位，在这技术位附近稍作停留还是直接跌破，没法提前确定。

这里的盘面特征主要就是跌破技术位时速度会比较快，以达到无论是在第四阶段还是第五阶段内进场的投资者都无法快速反应过来，等反应过来时却为时已晚。

最终市场以反转向下突破的形式，确立了前面一波上涨趋势的最高点，这是一个周期内可以称之为趋势行情的完整步骤，"百万图"把五个阶段标注了5个框，实际上第5框就是第1框的镜像行情，一个完整的周期循环，终点其实就是调转了方向的起点。

市场公理与百万图

这就是市场的一个趋势性行情的五个阶段，这是一波可以被投资者称之为明朗而顺畅的行情，战·体系给它的几个位置分别做了定性，这样可以使我们进入市场能够清楚地知道现在身在何处。

战·体系的学员称这幅图为"市场的百万图"，因为当一个投资者真正理解了市场的涨与跌真的有规律可循时，他自然地就会从各种指标的时灵时不灵中跳出来，从而把心思聚焦到研究价格本身来，当我们能够真正理解一个周期循环有其特定的顺序步骤时，这个理解对我们来说不是价值百万吗？

价格已包容了所有的信息，通过对市场的长期观察，发现了一个有意思的现象，就是不论哪个上市公司的任何股票，以及跟任何行业产业有关的哪个大宗商品，只要纳入了市场的买卖交易，都会遵循着市场的唯一法则，就是涨完了一定会跌，跌完了也一定会涨。

公理一：涨完了一定会跌，跌完了也一定会涨。

一只股票或一个期货品种的上涨，背后一定有利多因素，且因素可能有很多，这诸多的因素使之上涨，而当涨到一定阶段开始滞涨时，虽然利多的消息仍在各媒体不断出现，但它在市场里的表现就是不涨，那很可能说明它已经涨完了，或阶段性涨完了。

比如原油在2022年的3月份最高涨到了130美元，这一波上涨的主要原因是俄乌战争，但是这场战争在5、6月份打得更激烈，可是5、6月份的原油在图表形态上表现得上涨节奏明显拖泥带水，也可以称之为滞涨，最终的高点在123美元处，而后掉头向下，一路下跌了半年时间跌到了70美元。

战争的原因使原油价格上涨，为什么更激烈的5、6月份，却不能使原油的价格超过3月份？

那么，我们观察盘面找原因，就不能把目光仅仅停留在战争这一因素上，事情还是那个事情，同样的事情也同样让价格上涨，但此时与那时的不一样之处就在于——时间已不是那个时间，阶段也不是那个阶段。

不变的是战争，变化的是价格所处的市场位置，这叫时过境迁。

用百万图的几个阶段来解读就很好理解了，原因就是3月份的高点是一波趋势涨完了的高点，本书在后面的章节再来详细地说明原油的价格演绎。

市场接受任何利多和利空，但市场有市场的法则，当市场自身的语言已表明涨完时，任谁再给利多也不会再涨了。

为什么？因为涨完了。

原油的这个例子与一些股票高位出利好还不完全一样，有经验的老股民们会看图都知道，当一只股票在图表上是高位时，反而会看到很多利多的消息发布出来，但事后这样的消息可能被证明不了了之，也许就是为了高位出货制造的假消息吧，但俄乌战争的烈度在5、6月份有所升级却不是假消息。

即真正促使价格上涨的因素仍在加强烈度地发酵，却不能使其价格更轻松地涨过前面同样性质事件的高点，这是什么原因？这个时候我们就得把目光放到市场本身上了。

但是"把目光放到市场本身"，恰恰是大多数投资者最容易忽略的。

为什么这么说？

因为业绩、题材、宏观经济周期、供需变化，哪怕是短期政策等，这些确实是价格涨跌的真正原因，我们也总能在一个行情发生之后获知涨跌的市场外部真正原因。

所以，更多的人总是喜欢在市场之外去寻找心理支撑，当然，不能说这种行为不正确，问题是绝大多数人都难以找到当卜市场正在发生涨跌的、当下真正起作用的外部原因。

因为看到某个媒体带节奏式的评论或朋友给的消息而进场，但进场之后却得不到预期的市场表现，这说明什么，说明市场在此时并不认可你得到的消息，这虽然是正确的行为表达，但大概率得不到正确的诉求结果。

市场会包容所有的消息，不论是宏观面的还是基本面的，以及市场心理因素的，市场会综合所有的利多利空，然后选择涨或选择跌，作为投资者需要谨记的是市场还有一条法则，就是只能让很少部分的人赚到钱。

正是因为这一条法则，市场在绝大部分时间里都会是震荡行情，笔者曾做过统计，统计的结果显示，一波趋势即使行情很大，但其真正有效的阳线，很难超过整波行情从头到尾 K 线总数量的 10%，也就是说一波行情差不多 90% 的时间都是阴阳交错的震荡状态。

做股票由于正常情况下只能单向做多，所以持股时更喜欢阳线的心理是正常的，出阴线也不一定代表趋势就变了，但心里还是会有点纠结，想继续持有却怕继续出阴线，想卖出又怕卖出后突然哪天又涨起来了，于是到处去找相关的消息，实际上自己也知道找到的消息也是不知经过多少手了。

怎么样才能有效地解决这个问题？

欲市场之所欲——把目光聚焦到市场本身来。

因为市场总是会遵循着涨与跌的对应关系，一波完整的上涨结束，总是会对应着一波完整的下跌，而当行情由一波完整的下跌开始转为上涨时，这时的上涨在其过程中出现了回调，我们很多时候可能会因为其回调幅度稍大，或回调的时间稍久，这时想找一个支撑后市可以继续看涨的外部因素却又找不到，可能就会动摇继续持有的信心而出局了，但是不久却发现它又涨上去了，心生后悔却无可奈何。

这种情况主要就是因为我们对涨跌循环的本质不理解，因为当前的上涨并没有在趋势本身的角度体现出完整性，所以当前的上涨就不会结束，这是由对应关系决定的，只要前面的下跌是一个完整的趋势性下跌，那么在下跌结束转为上涨之后，这个上涨就一定要体现出上涨趋势的完整性。

即"涨完了一定会跌，跌完了一定会涨"的完整表达是：趋势性的上涨结束了，一定会转为趋势性的下跌；趋势性的下跌结束后，一定会转为趋势性的上涨，而无论是下跌还是上涨，只要是趋势性的都要体现出完整性。

我们承认市场很复杂，但我们可以先把复杂的问题简单化。

公理二：市场只有两个趋势，一是涨势，二是跌势。

只有涨势结束了，才会转入跌势，涨势如果已结束，一定会转入跌势，我们完全可以相信这是一条公理——不证自明的公理。

这个公理可以用春夏秋冬的季节循环做个类比：冬天结束后气温会慢慢上升（可以把气温的上升类比成价格的上涨），直到夏天的三伏天之后，气温才会真正地转为下降，一直降到冬天三九严寒。

　　这样我们很容易理解从春天开始到夏天结束的这段时间，中间也会有很多次某些天的气温比前一天的低，但我们只要知道这个时间阶段是春与夏之间，就不可能认为某天的气温低一点，就代表着明天之后气温会一直下降。

　　同理，我们只要知道价格所处的时段是"百万图"的第4阶段之前，那么，涨势途中的某天出现下跌，或某几天出现了阴阳交错的震荡下跌，自然就知道这只是调整，调整结束之后价格仍然会涨上去的。

　　《三体》第二部的黑暗森林法则：生存是文明的第一需要，文明不断增长与扩张，但宇宙中的物质总量不变，这是公理；双方无法判断对方是否为善意文明，所以文明之间优先选择打击，这是法则。

　　达尔文通过思考生命的大千世界总结出了"适者生存"的法则，而罗辑已经知道了黑暗森林法则，却要通过这个法则来复原宇宙文明图景，这是一条与达尔文相反的路，但更加艰难。

　　一个是从大千世界的点点滴滴不断观察思考，得出的最后法则结论，一个是在先知道最终法则再反向推导出宇宙的文明图景。

　　一正一反殊途同归都得出了共同的思路，按这个思路即可以让生命和文明不断延续下去。

　　我们需要知道市场的公理、法则，我们更需要复原市场的涨跌与震荡的基本图景。

第二章　心中有框，交易不慌

　　每个合格的定义至少都包含两部分，比如人，首先是个动物，其次是人不同于其他动物的特点。

如果读者朋友直接拿着百万图去对照实际行情，不论在股票上还是在期货上，刚开始都很难找到完全吻合的，这才是对的。

我们再用一个手绘的百万图，来把市场的一个标准且完整的趋势复原一次，再配一些实际的行情图表把5个阶段（5个框）的逻辑关系分阶段详细梳理清晰。

第1框：底部盘整区

底部盘整区，应该首先定义它是"区间盘整"的性质，其次才定义"底部位置"，因为盘整性质的行情并不仅仅在底部出现，它可以出现在行情的中间部位，也可以出现的行情相对高位，盘整区是在市场属性上定性为震荡状态。

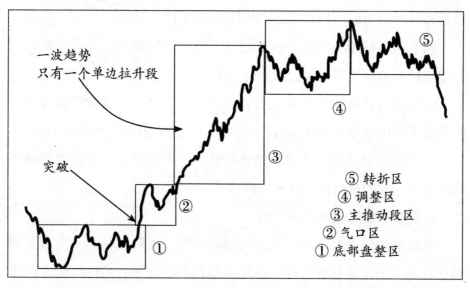

⑤ 转折区
④ 调整区
③ 主推动段区
② 气口区
① 底部盘整区

一波趋势
只有一个单边拉升段

突破

图2-1　一波趋势的几个阶段以任务不同分框

如果你问一群人，你们是喜欢震荡还是喜欢趋势？你几乎可以听到所有人都回答当然是喜欢趋势，但"喜欢"这个词表达的只是主观愿望，客观的实际情况是主观喜欢的不一定能客观把握到。

通常情况下价格在一段时间的盘整后某日突破盘整区，刚刚起步时交易者不一定敢介入，因为怕它只是一个假突破。

等过了一会儿发现越来越可以认为行情已转入趋势性质了，但这时介入的成本已明显高出一大截了，心态上的不情愿还是放弃了进场动作的发生，如果稍后价格又重新跌回来了，那心里肯定是很开心的。

只是再过了一段时间，盘面的价格又涨高了许多，这时心情会变得比较糟糕了，但由于盘面的表现却又能进一步让自己比刚才更加确认这个趋势了，趋势形态其向上斜率指向，会让交易者有一种再不进场真的来不及了的感觉，但通常这种追单行为发生后，只要价格稍稍出现回调，就会使刚刚进场的单子快速离场出来。

可是刚出来没多久价格就再次创新高，交易者面对这种情况不禁会反省自己刚才心态的不稳，明明是确认又确认的趋势，所以在创新高后第二次追单进场，心里暗下决心这次决不能因为一点小小的回调就丢掉手中的筹码，只是很快，价格又回调了。

因为才暗暗地下过决心，所以这次刚开始回调时心里并不在意，但随着回调的幅度明显超过前面时，还是再一次没忍住，出局了。

之后随着价格重新再涨上去后还敢不敢第三次进场就很难说了，只能眼看着价格在不断推高后，心算着自己的"损失"到底有多大？

一波从刚突破就有感觉的趋势行情，一大笔似乎本来应该拿到利润的行情，却因为糟糕的操作反而遭受损失了。

这是心态的问题吗？或许吧。

但归根到底是对市场的认识与理解问题，理解市场的一个最大的问题就是：怎样给行情定性！在区分周期的前提下，定性行情现阶段（或此时此刻）是处在趋势阶段，还是处在震荡阶段。

公理三：震荡行情结束了，一定是趋势行情。

无疑，底部盘整区才是一波趋势行情的最佳进场位置，这样的持仓成本不会因为趋势途中的小小回调而心态不稳，当然这个位置是难度比较大的，大多数情况下在我们认为是底部的时候，其实是个下跌的中继盘整，如何才能做到有把握的底部位置进场，在本书的后面章节再专门论述。

这一章先主要梳理一波趋势从大众意义上的开始到结束的五个阶段的衔接关系。不用将太多时间耗在盘整区里，从一个新的趋势刚开始形成之时，这个新的趋势可以是从真正意义上的大底开始，也可以是从本来已有的趋势结束之后经过一段时间的下跌，当跌到某个位置不再下跌，这时再经过一段时间的盘整之后，新一轮的趋势又开始的时候，实际上我们绝大多数的操作都是在操作新一轮的趋势，毕竟一个大底是需要好多年才能形成的。

只要趋势开始了，我们就可以用百万图的逻辑关系去看这个趋势的发展，看它符不符合规则。

不符合规则，便是破绽。

下面从突破开始，进入趋势在大众意义上的起步阶段，用一些实盘图表来分析"标准且完整"的百万图，如何用来指导我们平时遇到的可能不够标准，地也可能不够完整的实际行情。

第2框：气口区

气口区的位置是指一段时间的横盘状态被打破了，就是我们通常意义上的突破，是原有状态的改变，而市场只有两种状态，横盘就是震荡状态，另一种就是趋势状态。

公理四：市场只有两种状态：一是震荡，二是趋势。

技术上先假定突破是真的，那市场在这里开始将会维持一段时间的趋势状态。

一个新的趋势的开始，可以类比于一个新的生命的开始，一个趋势的生命周期的开始。

在历经了十月怀胎的孕育，一个新生命诞生到这个世界上，很快就会有了第一声啼哭、第一口呼吸，医生护士会观察这个新生命的第一口呼吸的气息均不均匀，以判断这个新生命是否健康，观察一会儿发现节奏正常，则可以确定这个生命的趋势会按照预期继续发展下去。

交易，来源于生活。

大道相通，这是战·体系观察市场的指导思想。

因为这个市场有大量的短线交易者，以及刚刚进入市场在技术分析方面尚停留在初级阶段的新手，对待盘面波动最能引起警觉的变化就是突破，所以突破最能引发这类交易者的跟风进场。

但是市场的法则早已注定——不允许多数人赚钱，所以在通常情况下，一个震荡横盘的突破，会在突破后的不久就会有回调，以使短线交易者及新手不可能仅凭着一个简单地做突破技术就能赚到一波趋势的利润。

来看一个润都股份 1 小时的图（如图 2-2），这是一个非常标准的横盘突破，突破后以涨停方式把自己送到了当天（周五）的涨幅榜上，由于开盘 50 分钟就封住了涨停板，所以当天能及时跟进的人并不多。

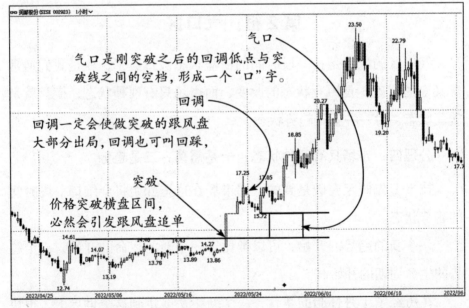

图 2-2　润都股份（002923）2022 年 5 月份前后　1 小时周期

但当天的收盘形态一定会使看到的人下周一继续关注，所以下一节开盘只要继续涨，必定会有跟风者追单买入，看一下当天的分时图比较好理解（见图2-3）。

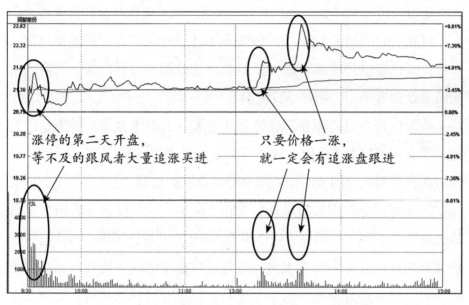

只要价格一涨，就一定会有追涨盘跟进

涨停的第二天开盘，等不及的跟风者大量追涨买进

图2-3　润都股份（002923）2022年5月23日分时图

分时图显示早盘一开盘就有大量的追涨盘蜂拥而入，价格稍一回落成交量马上萎缩，直到下午两次拉升，盘中再次两度放量，这个图也可以明显地佐证一个事实，就是早盘冲高回落后价格一直稳住不涨时是缩量的，但下午开盘后价格一涨，成交量马上就跟上来了。

这是放量上涨，还是上涨放量？

其实很多交易者都进入市场好多年了，仍然没搞明白这个顺序，只要问一个问题大致就明白了。

放量，能让价格上涨吗？

可以凝视着早盘的那一会儿的量价表现稍稍思考一下，价格是顺着前一天以涨停板收盘的价格开盘的，按理说在这个基础上，放量上攻更容易推高股价，但实际的情况是价格一会儿就回落了，那么，是放量的人不想让价格继续涨了，还是价格不想涨让量又萎缩了？

很显然，沿着前一天的横盘突破收涨停板，紧接着的一个交易日开盘后，必然有很多前一天因涨停板没追到单的投资者在这一天的早盘追单，这些早盘成交放的量显然是想着继续涨才来追单的。

所以说这个顺序是上涨的涨停板在前，然后重新开盘的放量在后。

再然后时间到了下午，盘中又是两次上涨引发了跟风盘追单进场。

只要稍懂量价关系，这一天的盘面任谁都可以看出来，已有大量的跟风盘跟进来了，那要不要洗盘？

如果你是主力，你会不会带着这些人一起发家致富？答案是很肯定的不会，所以需要洗盘，那洗到哪个位置比较好？

洗到让跟风盘的大部分人都不得不出来的位置，

那么对照分时图和日线图（见图2-4），可以很容易看出来突破后先是连涨了两天，第一天由于早盘50分钟就封住了板，所以这一天能趁机跟进的人并不会有太多，只有反应速度够快才能在封板之前抢到筹码，绝大部分都是在后一个交易日早盘开盘时跟进的，还有在下午两度冲高时跟进的。

因为跟风盘的一个最显著的特征就是，我跟进来只要有甜头我就一直跟着你，一旦没甜头了就会马上离开，这是典型的短线交易者行为特征。

洗盘的目标位置，在洗盘行为还没发生之前就已经是预定好了的，就是回调的幅度要足以让大部分的跟风盘感到害怕，这是洗盘结束的必要条件。

因突破而追涨的跟风盘只要看到账面上刚到手的利润开始回吐就会出局，而其出局的临界点就在成本线，而主力肯定不能只考虑某一个跟风盘的成本线，而一定会综合考虑这一个阶段所有跟风盘的平均成本线。

这一个阶段就是从突破线开始的第一个涨停大阳线到第二个阳线的上影线最高点。

在不观察这两根阳线的放量时段分布具体位置的情况下，假设跟风盘的进场成本是平均分布的，那么可以得出一个结论，如果回调幅度达到 50%，则一定可以让超过 50% 的跟风盘出局，如果回调幅度达到 80%，基本上可以让百分之百的跟风盘出局。

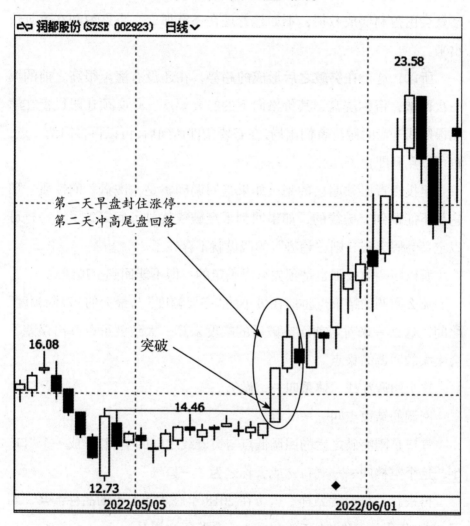

图 2-4　润都股份（002923）日线图

那需不需要回调多一点，洗得更狠点？

这时再观察一下两根阳线里的放量时段主要出现在哪个位置，看分时图就很清晰了，绝大部分的跟风盘都是在第二根阳线的开盘价之后，开盘时那一会儿最多，下午的两次放量比早盘少一点。

这样综合看，回调的价格只要接近了第一个涨停板的价格，那么即使在涨停价附近及时跟进的跟风盘也会极大概率出局，因为自己的成本就在接近涨停价的位置，这部分人会想如果价格进一步向下，自己就会由盈利变成亏损，不如趁着现在还有那么一点点盈利在手赶快出来。

所以，这个在突破之后形成的趋势，在还没有涨至很高之前的第一次回调，俗称洗盘，其价格向下的必要幅度，是必须让跟风盘在第二根阳线开盘时跟进者们出局，在必要条件达到后，可以再多回调一点，也可以点到即止了。

但投资者必须明白的是，如果这回调确实是"洗盘"的性质，那它是不能回到突破线的，如果回到了突破线就成了假突破了，一旦可以定义为假突破，则"趋势"的假设就不存在了。

所以回调的极限也是预先可以确定的，即不能回到突破线。

那么回调的结束点将落在最小的"必要幅度"与最大的"极限幅度"之间，这么一来对着前面突破后的幅度来算，大致就可以算出误差不会太大的回调结束点。

这个回调在战·体系叫——做气。

回调的结束点叫——气点。

气口是刚突破之后的回调低点与突破线之间的空档，形成一个"口"字，这个空档叫——气口，或者称之为"一口气"。

再来看一个期货品种。这个在 2018 年底才新上市的品种纸浆，到了 2020 年年尾至 2021 年年初成为一个跨年大黑马。

纸浆成为大黑马的逻辑很简单——"限塑令"和国际上木材价格的上涨。或许木材就是因为对塑料的限制使用而涨价的，这是一个由需求端引发的基本面矛盾。

在仅仅才三个多月的时间里，纸浆的价格从 5000 之下，涨到了

7500以上，涨幅超过了50%，如果按10%的保证金计算，如果是5千元入场，到最后可以是3万元出场，就是5倍的利润（见图2-5）。

这是期货不同于股票的魅力所在。

同时，由于期货是双向交易，往往在一个盘整形态里形成最终的高、低点时，相对于股票来说位置的偏差更小。

比如说涨势中洗盘性质的向下回调，如果目的仅仅是为了洗去多头，则下方的某个位置说不能到就是不能到，因为洗盘对于趋势来说，其对应的关系是回调。

如果超过了定性为回调所需要的极限幅度，虽然说可以更多地洗去跟风的多头，但也会让本来在更下方已经被套住的空头解套了，而如果被套的空头都解套出来了，则再向上涨就没有对手了。

上涨的行情假如没有空头作为对手盘，则也就没有上涨的动力了，这种以对手为存在的游戏，犹如打麻将一样。

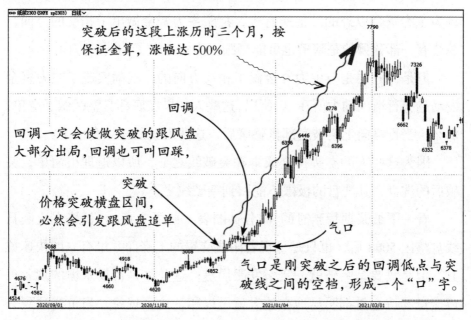

图2-5 纸浆03合约从2020年11月起步 日线

假设你是一桌麻将四个人当中水平最高的，本来你已赢了其他三个人的钱，但你因一个失误把钱又吐还给他们了，由于这三个人经过刚才几圈交手,也知道你确实厉害,同时因为输的钱又回到了自己手上,赌徒式"亏钱想翻本"的心理需求已经没有了,所以他们很大可能不想继续玩下去了,如果他们三个人离场不玩了,即使你水平再高这桌麻将也打不下去了。

生活中的麻将是四个人围一桌,我们可以把一个期货品种比作一个麻将桌,但这个桌子可以很大(期货的持仓量,除交易所有特别限定的之外,理论上多空双方可以无限扩仓,相当于桌子可以无限大,螺纹钢期货就曾在 2016 年 4 月 21 日当天一个合约的成交额超过了沪深两市总额,这确实需要足够多的持仓量才能做到),可以很多人同时围在这一张大桌子上,这就成了多人麻将。

进一步比喻,则可以把主力资金比作是四人一桌中水平最高的那一个(类)人,其他所有人归为主力资金的对手,比喻到这里情况有点稍稍不同的地方,因为行情在一段时间内只能选择一个方向,不能认为主力资金以外的其他所有人,都跟主力资金做出了相反的方向,总会有一部分哪怕是瞎猜也可能会跟主力资金做了相同的方向。

但是,只要是与主力资金做了相反方向的,就确实成了主力资金发动趋势行情的动力所在了,所以,这些人如果在底部盘整区做了空单,那么,当价格向上突破底部盘整区后,这些人就已经被套住了。

因为这些人的空头持仓成本在突破线之下,所以道理很简单,突破后的洗盘,其洗盘的极限不能回到突破线之下。

看一下纸浆期货当时的 30 分钟图表(见图 2-6),价格在突破日线盘整区 5068 后,也只是呈现着阴线交错的上涨而并没有立即快速拉升,但是只要是突破就一定引发跟风盘,这几乎是市场永恒的现象,成交量和持仓量都明显地在放大就可以印证这个现象,当价格达到一个可以认为是有效突破的幅度后开始回调、做气。

这个纸浆期货回调的形态与前一个案例润都股份就不太一样,这个形态在《战·期货》一书里有详细讲述,这是一个比较标准的多头结构，我们可以理解为向下跌了两笔，而润都股份的回调只向下跌了一笔，这是形态上的不同。

但两者都遵循一个共性，即回调的最终幅度都是大致是突破后向上幅度的一半，这个幅度至少将会使突破后的七成的跟风盘出局。

这就是——做气！

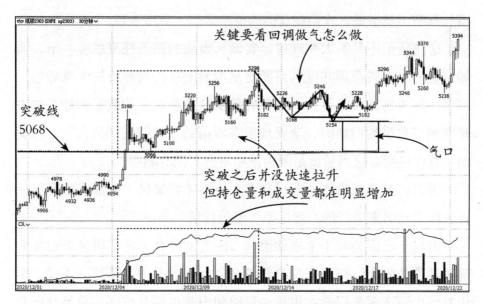

图 2-6　纸浆 03 合约突破、做气的细节　30 分钟周期

回调的最低点就是气点，当气点形成后，这个点与突破线之间形成一个空档，这个空档就是气口。

随后价格正式进入一波趋势的主推动阶段。

第 3 框：主推动段区

行情的主推动阶段，在波浪理论里叫做主推动浪，通常是指第 3 浪，如果是一波好的趋势，大多数情况下在第 3 浪会延长，也有在 3 浪不延长的，转到第 5 浪延长的，则主推动段就是在第 5 浪。

造成这种转换一般是因为基本面的原因，即是在盘面上看图表已做出了第 3 浪上攻的形态，但基本面或消息面这时还不能很好地配合，那就只有把时间向后拖，先做一个不延长的第3浪，再做一个调整的第4浪，当用时间把形态拖到第5浪的时候，基本面或消息面这时正好配合上了，这样就看到第5浪成了主推动浪了。

但大多数情况下都还是第3浪作为延长浪出现的，因为不管是从资金（本）的角度还是市场自身的角度来看，只有资金（本）或市场事先预期了基本面，才会在盘面的价格形态上有所表现。

这句话是不是不太好理解，尝试从事物的两面性来思考一下，假如资金（本）或市场并没有预期到基本面能在后面的价格上涨后给出利多，那价格其实是可以一直在底部横盘震荡的，这就是为什么你去观察相当数量的股票时，会发现很多所谓的"长期底部横盘"，且横盘一直在延续，这当然就是因为预期不到后面有利多。

所以，正是因为能预期到利多，价格才会突破"底部盘整区"，而这样发动出来的行情，就是第3浪的行情。

市场正是因为有了主推动浪这一阶段的存在，才使得这个市场充满了诱人的魅力，任谁但凡只要是亲身经历过其中的哪怕一小段，不说是终生难忘最起码会在很长一段时间内难以将其忘怀，总是梦想着这样的经历再来一次。

梦想是蓝色的，主推动浪是红色的。

红色的主推动浪是一波趋势中辨识度最高的，也是波浪理论中所有的浪里面最特殊的一个浪，它可以在形态定义上分为两段，一个为推动加速阶段，另一个为推动放缓阶段，两段合在一起才是好的主推动浪，它在盘面的表现就是价格呈现出单边的连续拉升。

再用纸浆期货的日线图作为演示（见图2-7），这个大黑马从第1框底部盘整区，到第2框气口区，再到第3框主推动段，连续三个框都是标准的"百万图"模式，图2-7里标示的一个推动加速段和一个推动放缓段，合在一起是"百万图"的第3框。

这个图是加速段在前、放缓段在后，市场里的这种先后顺序的方式出现在主推动浪更多一些，而这种盘面特征的原理是什么？

　　应该有很多人经历过看到却不敢追，想着等一等再看，却看着价格越来越高，等到最后只有两个结果二选一，要么感觉短时间内涨得太多了只好放弃，要么是心有不甘最后还是冲进去了。

　　放弃进场的，后面仍然会回头来看看行情新的情况怎么样了，如果价格并不比决定放弃的那时更高，心里会获得一些安慰，如果是价格比放弃的当时更高，怅然若失的心情必然会有的。

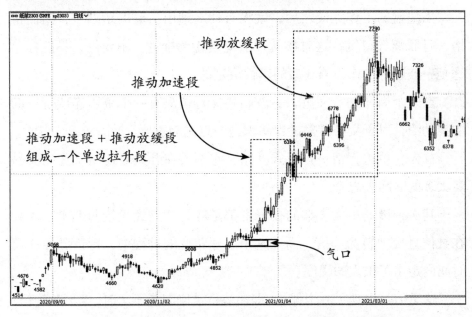

图 2-7　纸浆 03 合约从 2020 年 11 月起步　日线

　　冲进去的，基本很难在这一波趋势里真正赚到钱，虽然冲进去时的行情可能还有一半甚至更多没走完，但由于行情在短时间内涨幅比较大（这是主推动浪的属性），快速洗盘的情况也必然出现，这种快速洗盘幅度相对于已经涨上来的幅度比例来说并不会太大，但同样相对于幅度其绝对价格的回落，却会让交易者随时感觉到手的利润要没了，因为本身就是追高，所以成本会在很大程度上影响持仓的心态。

　　这种盘面原理就如拉满弦出弓的箭，底部盘整区作为一个无趋势的状态被突破，行情的定性就由无趋势变为有趋势了，在趋势刚刚发生时有大量的短线跟风盘蜂拥而入。

如果从主力的角度来理解这些跟风盘，就是主力找到了一个好赚钱的项目，恰在项目刚开始运作时混进来一些投机取巧想不劳而获的人，换作你是项目负责人，你会平白无故带着这些人去赚钱吗，所以你必定会想办法，在项目正式运作到红红火火之前把这些人赶走。

于是就有了突破后的、作为趋势正式向纵深推进之前的第一次回调，这就是气口区要做的工作——洗盘。

当洗盘的工作完成之后，就没有什么理由再磨磨蹭蹭了，因而价格一旦脱离气口区，这时候就理所应当连续推进，不要停，不能停，这是一波趋势中作为第3浪的属性决定的。

在一个周期的定义里，一波趋势性行情只有一个单边连续行进的主推动浪，对于交易者来说，认识这一点尤为重要。

首先，单边行情一旦正式开始，它不会在开始后还给犹豫的交易者太多的时间去思考。

其次，市场里大多数的投资者都是等行情已经比较明朗了，才会在且信且疑中转为确信，而在这个心理转变的过程中，行情已经在短时间内走出了很大的幅度。

这里似是出现了一个悖论，即趋势行情刚起步不久时，你不敢确信，可当你确信时它已经走远了，相对来说是位置好的时候大多数人信心不够，信心够的时候位置又不好了。

这个问题有解吗？这个问题在后面的章节里再聊。

我们再来看一个期货的案例和两个股票的案例，以加深对第3框主推动段（浪）的认识，只有认识了，才能更好地理解。

《三体》第一部里有一段非常简短的对话，是发生在地球人了解了三体人的真实的且超过自己想象的水平后。

丁仪：你觉得在宇宙中一个技术文明等级的体现是什么？

汪淼：是对维度的认识。

丁仪：我觉得是它能控制和使用微观维度。

地球人开始并不理解三体人送两个肉眼都看不到的质子，是什么意思，当最终知道了质子可以被二维展开，进行庞大复杂的集成电路蚀刻，然后又可以将其维度连续收缩成十一维，才明白其意义。

从物理学的角度解释这个世界，高维度都卷曲在微观里，而技术文明等级高低的区别是对微观的认识，进而控制和使用。

有比较才能知道区别在哪里，能看出区别才能有新的认识，先来看玻璃期货（见图2-8）。玻璃作为一个大宗商品，在我们的日常生活中随处可见，图2-8是玻璃期货历时六年牛市的最后一波上涨，那么当然这幅图的底部盘整区并不是真正的底部，而是前面一波上涨在阶段性见顶之后，转入了深幅调整，在这个调整结束之后，又重新开始了新一轮周期的上涨行情。

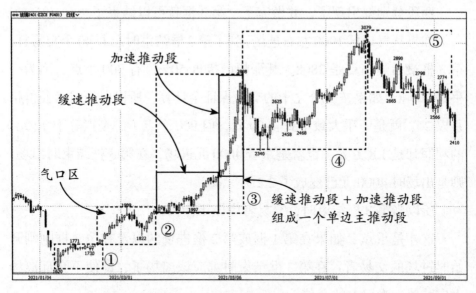

图 2-8 玻璃 01 合约 2021 年 1 月至 7 月 日线

这幅图的底部盘整区并不像前面看过的案例一样，或许是因为它不是真正的底部吧，但理解"底部盘整区"这一概念要从定义上理解，而不是生硬比较这个形态与另一个形态相似度的百分比，虽然相似度也很重要。

但是在这个世界上根本就找不到两片完全一样的树叶，同样在这个市场我们也只能看到相似的形态，而没有百分百完全相同的形态。

从定义出发，这是一个完美的完整且标准的百万图，按阶段任务的不同分割成五个框。

从底部盘整区到气口区，然后进入主推动段，这是百万图的第3框，注意这个第3框同样可以分为两部分，但这个顺序与上一个纸浆的主推动段正好相反。

玻璃这个图从气口区的气点（气口区本就属于主推动浪）开始算，并没有先连续快速拉升，而是先波浪式上攻，越到后面速度越快，所以最后看到的形态是第一部分速度相对来说是缓慢的，第二部分才是完全的单边快速拉升。

两段分别都出现了，并做完了，第3框就可以结束了。

如果从气口区1900左右进场，到了第3框结束时总共40个交易日，第3框最后的高点是2808，其涨幅已接近50%，有900个点，因为一手是20吨，如果按百分之十的交易保证金计算，所以以当时盘面价格乘以20，就是一手大致不到4000元，但900个点（一个点等于20元）的利润却是1.8万元，也就是拿着4000元进场，在第3框结束时出场，则是出场时4000元已变成了2.2万元。

所以当第3框结束时，交易者应该干什么？

这才是重点，如果在第1框或第2框进场的以及在第3框刚刚开始时进场的交易者，在第3框结束时都应该离场了，即使不全部离场也应减掉一半以上的仓位。

利润正在扩大时收手，似乎不合常理，因为价格处在第3框末尾的时候，这时的盘面的客观现实是非常明确的上涨态势，或许市场里有相当一部分人到了这个位置，才开始意识到这是个涨势，所以我们也经常听到有人说交易是不合常理的。

只有当第4框明确显示出震荡的事实时，才能回头看到那里离场确实还是不错的，因为大众只相信已看到的结果。

但，这真的是不合常理的吗？

如果把一波趋势比作一顿大餐，正常的酒席也好，满汉全席也罢，这是市场（或主力资金）订制的一顿大餐，按预定好的大致时间，按步骤开席、上菜、开吃，吃完结束宴席。

作为旁观者（跟风盘），只要能看准上菜时间，这时坐上桌，或许市场在这时会有个祝酒词，这个祝酒词或许就是气口区的洗盘，吓唬吓唬刚刚凑上桌的跟风蹭吃的人，有些人可能会经不住这一段吓唬就离席了，还有少部分人坚定地留下来了，但战·体系在这一位置的吃席方法是等它把祝酒词快讲完时才上桌。

等把祝酒词讲完（回调、做气）即价格慢慢地又涨到了气口区上方，并进一步涨过去，这相当于正式开始上菜了，这时只要你坐在桌边，尽管吃就好了，你一边吃着，市场一边继续上菜。

主推动段通常情况下可以再分两段，一段是涨速相对稍缓的部分，这算是普通的菜，另一段是加速上涨部分，这部分相当于硬菜，现实生活中的一桌酒席也可以这样粗略划分。

如果先上硬菜，那后面肯定还有些普通的菜，不可能一桌全是硬菜，如果先上一些普通的菜，那么硬菜肯定在后面，要知道这是一波趋势性行情，没有硬菜（单边加速段）哪能算一桌好的酒席呢。

所以既然已经坐在席上就尽管吃吧，直到你把这两部分的菜都吃到了，你不离场还想等什么呢？

我们应搞清楚身份，旁观者只是蹭席的，不是做席的，如果两部分的菜都吃到了，还不离席那只能留下来付账了。

在现实生活中酒席的流程我们大家都不陌生，但换到在市场里分析行情，却只有当菜已基本全摆上来，相当于趋势的单边段已经到了加速段了，才能看明白这个趋势，而当大多数人才看明白趋势真的已经起来时，实际上就相当于菜已上完，上完等于吃完。

因为一波趋势性的行情里，只会有一个主升段，当我们看到它已经成为现实客观发生时，就等于宣布在这个周期里，这一波的趋势最多剩一点收尾行情，也就类似于饭局结束时上个果盘，或许甚至连果盘也没有。

也许当我们刚刚踏入这个市场时，总是不时地听到耳边响起"你要顺势而为"的声音，当然这句话肯定是对的，问题是这四个字里面没有包含节奏，也没有说明要顺哪个周期的势，更没有具体说明势将何时结束。

市场里的势，通常在不作具体说明的情况下指的是趋势。

如果按方向划分，趋势分为涨势和跌势两种。

如果按时间划分，趋势分为现在的势和未来的势两种。

在一个趋势将尽未尽时，假设现在是涨势，那很明显这个势已经不能再顺了，因为现在的这个涨势已快结束，要顺也只能按时间去顺未来的势了，只要现在的涨势结束了则未来的跌势很快就会到来。

如果现在的涨势是将起刚起时，这很明显要顺现在的势，可以再进一步问一句，现在将起刚起的涨势来自哪里，显然这是来自过去的已经结束的跌势。

这一段不得不多费些笔墨，因为只有真正认识到"主推动段"在一波趋势行情里的意义时，才能真正理解什么是顺势而为，才知道百万图的第2框气口区是一个趋势处在将起刚起的位置，而第3框的两部分一先一后完全呈现出来时，是一波趋势里最暴利的一段行情已经结束的时候。

再来用"市场的百万图"来对比两只股票在主推动段以及主推动段之前和之后的表现。

先看鼎胜新材的日线图，如图2-9。

对于这只股票在主推动浪的表现，如果交易者不能充分理解百万图总结的细节特征，那很容易造成理解上的歧义，从而把节奏踏错。

第1框的底部盘整区是比较符合大众心理认同的，第2框的气口区表现就略有不同，它没有回调、做气的动作，而是直接进入了第3框主推动浪的加速阶段，这种情况不用过于纠结。

好比开车换挡，用一挡起步，在路况允许的情况下，省略二挡直接换到三挡并非是不可以的，你只要知道在什么速度下可以直接跳一个挡。

二挡就在那里，同样的，气口区就在那个位置，过去了就是过去了，就当它省略了一个换挡的动作，而这时，车已经开始加速了。

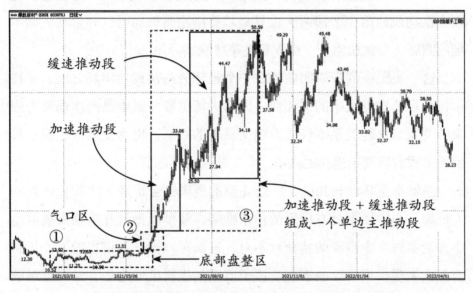

图2-9　鼎胜新材2021年5月起步一波趋势 日线

如图2-9，第3框主推动段被明显分为两个部分，看起来是比较容易辨识的，加速推动段在前、缓速推动段在后，如果交易者对波浪理论尚有些功底的话，也很容易看出缓速推动段是一个5浪式的推进模式，而第5浪的高点不管出现在哪个周期里，通常都是一个技术性高点。

有交易经验的投资者应该都知道，如图2-9中这波趋势从13元的位置算起最后涨到了50元，涨幅约3倍，但如果持仓成本是在主推动段中的第一部分，即加速推动段的上半部 25 元之上，后面很难持股不动，即使按 25 元的成本去赚取 50% 的利润。

而如果已经错过了加速推动段，当价格进入缓速推动段之后，不会找技术低点进场最好就不要再参与了。

整个这一波趋势，好的进场位置就两个，一是在底部盘整区，这个位置如何进场后面再谈，二是在突破之后，进入主推动段的第一个回调，它虽然已高过了气口的位置，但它与气口区回调有一个共同点——都是突破后的第一次回调。

能理解"市场的百万图"所能喻示的趋势的意义，就能理解那里（进入主推动段的第一个回调）也只是趋势刚刚露头而已，如果是去蹭市场的酒席，也就相当于一桌大餐上菜才刚刚开始。

这一幅图在剖析如何做到在一个趋势的高位成功出场之前，先将了将进场位置与成本的重要性，因为进场位置与成本是与出场互为因果的关系，这种关系不仅会影响交易者的心态，更为重要的是对这种因果关系背后逻辑思路的理解。

逻辑都是环环相扣的，一条完整的逻辑链会形成一个知识体系的大框架，心中如果已有成形的体系框架，就可以做到在事物发展的途中去观察每一个步骤的特征对不对，进而可以推导出市场的下一步将会怎么表现，当后续的表现验证了前面的逻辑推导之后，又可以继续沿着这个逻辑，预期更下一步市场将会发生什么。

首先明确一点，一波趋势性行情只有一个主推动段，且必然要有一个主推动段，如果这一点不成立，那就不能称之为趋势性行情，而市场亦是必须要存在这种行情。

为什么？

反过来想一下就明白了，如果市场不会出现趋势行情就意味着市场永远都在震荡，长此以往，人们就都会离开这个市场了。

逻辑是这样开始的，从底部盘整区被突破，由于并不知道突破的真假，虽然战·体系的方法不会去追突破，但市场里肯定存在着大量的短线跟风盘，这类交易者会去追突破，由于这种情况必然会发生，所以通常情况下在突破的不久都会有一个洗盘，洗盘通常发生在气口区的位置，这幅图似乎是省略了这个步骤，但是仍然在进入主推动段的位置不久就有了突破后的第一次回调，然后重新向上涨过去。

根据"百万图"的规律总结，价格到了这里就可以进一步认定它将是一个"真正的趋势性行情"，而当这个认定进一步被市场验证时，说明市场此时正处在百万图第3框的逻辑链条中。

第3框的主要功能是什么？

是使这个市场有让人向往的可以赚大钱的趋势出现，是让主力资金（资本）有干一次活就可以休息很久的利润空间出现。

特征，是因为功能的需要，是内在功能的外在表现。

价格走过了气口区就进入主推动段的开始，这一段的特征是预期趋势性行情发展逻辑链条中的重要一环，这里的特征如果是对的，体系框架就会告诉你，主推动段可分为两部分，加速段如果在前面出现，则后面还会有一个缓速推动段。

在缓速推动段价格会呈现进二退一或进三退一的波浪式上攻，总体上还是在上攻，但如果交易者尚有些波浪理论的功底，就知道当你在缓速推动段的内部数出了第5浪时，它是主推动段的大框和大框里的第二部分共同的结束位置。

所以，价格走到这个位置的时候，所有的人都能看懂它是一个涨势，涨得非常好，但这时顺势而为可以吗？这时应该做的是激流勇退。

细心的读者可能发现了一些其他问题，鼎胜新材与玻璃期货两张图（见图2-9和图2-8）相比较，除了在主推动框里两部分顺序是反过来的，当第3框结束时，玻璃有第4框的重新创新高，而鼎胜新材在第3框之后，虽然调整的形态没有问题，但最后的价格并没有高过第3框的高点，也就是说按照百万图的步骤，它缺了个第4框，而是从第 3 框直接转到了第 5 框。

这一点不同之处，仅仅因为最后的 49.48 元也接近了第 3 框的高点 50.59 元，看起来很接近，似乎是不是没什么大不了的？

不，这一点小小的区别是很重要的，因为很多股票都是在第 3 框结束后，就直接跌下去了，不像鼎胜新材这张图还有一个再接近第 3 框高点的机会，这倒是使它的形态更像是第 5 框的转折区。

这叫"跳框"。

于是有人问道：为什么会"跳框"？

很多做股票的朋友一开始不是太理解，或许做过期货的朋友能够更容易理解这个原理，这是一个市场交易机制问题，股市对于绝大多数人来说都是一个单向多头市场，但期货对于所有人而言都是多空双方向市场。

从资金主力的角度去理解，在期货上主力如果要做一波空头趋势，需要有在高位的多头对手盘，也就是空头趋势最后赚的钱是来自持有多头仓位的对手，当然这些对手主要是散户，那么在空头趋势还没正式开始之前，需要在形态上吸引多头买进，在相对的高位，期货至少要比股票更需要新的多头进场。

而股票需要这些吗？资金主力发动一波上涨趋势，当价格达到预期（定）位置后，主力想的更多的是什么——是卖出多头筹码，这一点与期货是一样的，但股票的主力还需要更多的新对手盘让自己再做一波下跌的趋势吗，这显然是不需要的，因此股票的主力只需要干一件事，就是尽快卖出就好。

因此，股票的一波趋势在很大概率上没有第 4 框，主要是指没有第 4 框的创新高（虽然并不绝对），因此一定要掌握好在第 3 框快结束的时候如何离场，离场后等一段时间，如果发现之后的形态是个调整特征，是可以在调整结束时重新买进的，这一单也可以期待第 4 框的创新高，毕竟从第 4 框的最低点到创新高也可能有着超过 30% 的幅度，但假如买进后发现有什么不妥出来就好了，这无伤大雅。

但怕就怕在第3框的行情结束时不知道出场，但股价却是直接以瀑布飞流式地下跌，那损失就大了。

但是，这真的是"跳框"吗？

那么什么样的情况下会跳框？为什么会跳框？后面会通过案例继续讲述。

"市场的百万图"是一个标准且完整的趋势模型，是一个健康的趋势生命周期，揭示的是在健康设定下的生命全过程有哪些标准步骤，但我们若去把A股的几千只股票过一遍，会发现大多数看起来要起趋势的股票都会走着走着就半途而废了，这就如消失的文明远多于幸存并延续的文明。

百万图的价值，其重点是体现在你虽然不知道未来将具体走向哪里，但你可以通过此时盘面的行为特征，清晰地知道现在是处在整个生命周期的哪个阶段的具体位置。

跳框是存在的，但鼎胜新材不是跳框，

看到这里可以回顾一下本书开始的描述，当然也可以直接翻回去看一下，从第3框到第4框的内容。

第3框的主要表现是一个加速推动段和一个缓速推动段，一前一后可以在顺序上对调，到了第4框的时候，首先是一个完整的调整，然后再把价格涨过第3框的高点，涨过去之后能涨多少要看当时的具体情况，

这时我们可以在脑子里面先把第4框的高点做个定位，顺着这个高点把时间倒流向前去找一个东西，就是那个"完整的调整"，我们同时也可以在脑子里面做另一个定位，这个放在第3框的起步位置，从这个位置则顺着时间顺流向后找了。

如果加速推动段在前则这一段肯定不会有完整的调整，因为这一段几乎就是百米跑的态势，那继续向后来到了缓速推动段。缓速推动

段在位置上仍属于主推动段，虽然速度放缓了，但其主要特征应仍然是以推动为主。因此这一段不应该出现"完整的调整"。

为什么？

因为一旦完整的调整出现了，也就意味着前面一段的上涨是"完整的上涨"了，既然完整了即代表主推动段结束了，只有完整才能对应完整，一段上涨只有在其"完整"了，才会在随后的调整里体现出"完整"性。

一波趋势通常要分为几段，一段上涨在其上涨还没有结束之前，中途的调整都不会是完整的，这个意识在加速推动段里表现得最为明显，或许在这一段里全部都是阳线，或许能看到一两个小小的阴线，但价格很快就会再拉上去，快得让人没时间静下来思考，凡是阴线皆为调整，区别只是调整的幅度大小与完整与否。

但"完整"，并不在意大小，也不在意人的视觉感受习不习惯，

人是感性的，市场是理性的。

人在大多数时候都是感性的，但市场在所有的时候都是理性的。

重新看一下鼎胜新材的日线图，如图 2-10，把图 2-9 的第 3 框分成了第 3 框和第 4 框两个框，读者朋友如果脑子里还留有上一图的影像，看到这样重新分框的结果，或许会有一丝丝的不适应，那么再看看把第 4 框用小时周期显示出来的样子，如图 2-11。

从 44.47 元到 34.18 元，这是一个完整的向下跌了两笔的多头结构（如果读者朋友不了解结构，可以参看《战·期货》一书，里面有完整的讲解），这个结构是个多头进场形态，从结构的结束处到第 4 框最后的高点仍有 40% 的空间，只是在这里笔者不会建议不擅长找低点的朋友去贸然参与，因为这一段行情只有买到结构刚刚结束的地方，才不会有太大的风险，如果买到了中间位置，一旦第 4 框结束掉头向下恐怕一时难以快速反应过来。

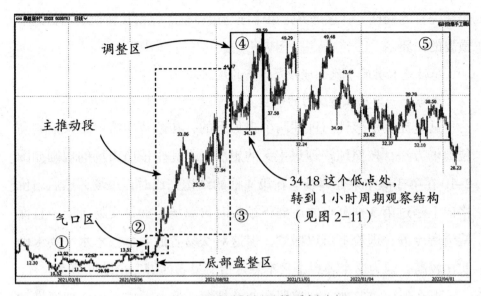

图 2-10 鼎胜新材 日线重新分框

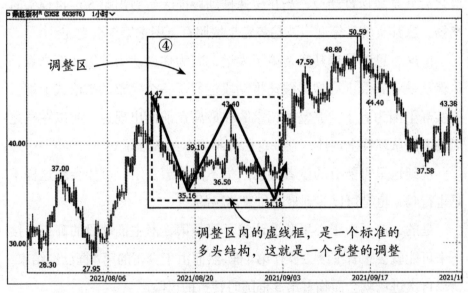

图 2-11 鼎胜新材 用 1 小时周期观察日线的第 4 框的细节

　　缓个神，把 1 小时周期里的结构看仔细一点，再把日线图的两种分框方法比较一下，是不是又有了不同的认识，或许这就是感性与理性的区别，按图 2-10 这样分框，很自然后面的行情就是"百万图"第 5 框的转折区，这里面的重点就是从第 3 框开始处到第 4 框结束处之间的那个"完整的调整"，这是界定第 3 框与第 4 框怎样衔接转换的逻辑链中重要的一环。

感性是人类的本能，理性是市场的规则。

交易是一场人性与规则的较量。

这里提供了感性与理性两个视角下的，在趋势即将要结束前的高位离场方法，按照纯粹理想主义的想法，是完全依照市场的规则如图 2-10 在第 3 框结束处离场、在第 4 框的结构完成时再进场，然后当价格向上超过第 3 框高点之后向下掉头时再离场，如果交易者能一直保持清醒冷静，理论上可以做到，但这对交易者的看盘技术水平要求确实比较高，因为这个理想主义本意是指交易者能够完全踏准节奏。

那么退而求其次，即按照图 2-9 把第 3 框分两段，记住加速推动段之后就是缓速推动段，当在缓速推动段能大致数出第 5 浪再掉头时离场，这其实就是等这一波趋势完全按照百万图把第 3 框走完。

但这个思路最后其实是撞了大运，因为你误认为的第 3 框高点，虽然从视觉感受上好像是缓速推动段运行了一个完整的 5 浪式上涨，但实际上因为有了"完整的调整"在最高点前面出现过，所以在这之后的上涨从理性上定性，它一定已经不属于第 3 框了。

说到这里可能有的读者心里产生不同的想法了，可能会想这样不是也行吗，也是可以等到最高位置离场的。

是的，但是由于心里既已认定了那是第 3 框主推动段的高点，接下来可能就会想着继续去操作第 4 框，然而由于真正的第 4 框已经结束，所以再次进场就会面临着第 5 框随时转折的风险。

其实这两种方式对于大多数交易者来说，都不是想做就能轻易做到的，除非经过专业的训练，否则由于视觉偏差，刚开始很难清晰地分辨出第 3 框与第 4 框是怎么衔接转换的。

其实，我们仍然可以再退一步。

牢牢记住主推动段的运行规则，如果先出现的是加速推动段，先出现的自然就是第一部分，那就等着第二部分看缓速推动段的表现，从第二部分的起点开始看其内部的浪形：在其第3浪的幅度大于第1浪时，这时价格也明显是高于第1浪了，这时就可以准备着离场了。

也许此时心里会想着还有个第5浪，这样想也没大错，那可以先减一半仓，剩下的一半看看运气吧，当有了一个不完整的调整，这是第4浪，然后向上运行再次高过第3浪后，第5浪成立了，则剩下的一半仓就不用有太多犹豫了，因为这里都是属于第3框的第二部分。

切记，如果预期的第4浪调整，结果调成了一个完整的多头结构形态，就代表它既是告诉你可以买入进场，当然剩余的仓位可以暂时不用动，同时也是告诉你这是第4框的调整，即重新涨上去后可能就是这一波趋势的最后高点。

再来看一只股票莲花健康（原名 st 莲花）的日线图，如图 2-12。

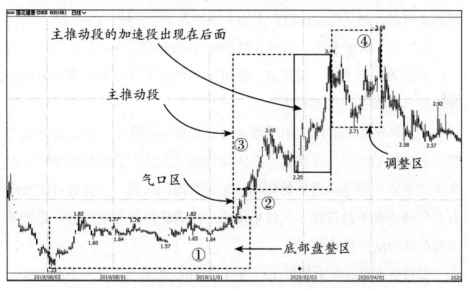

图 2-12　莲花健康 2019 年 6 月至 2020 年 4 月　日线

这一波日线上历时四个多月股价翻了一倍的行情，如果只是从时间回报率来算四个多月赚一倍那是很好的了，但从其实际走势上看，其走法可能不会让人很兴奋，只要是进场成本是在气口区之上，都难免在获利回吐后出局，出局时可能利润或已所剩无几，更令人心情不好的是当你出局后它又涨上去了，但如果在涨上去后重新进场，结果却能让人心情再次不好。

可是翻了倍的行情是客观的，如果能从气口区进场一直拿到第3框结束，收益也是可观的，可能此时会有些读者心里又嘀咕了，事后看图谁都可以买在最低点、卖在最高点，可是当时谁又能做到。

所以说，能不能做到在第3框结束的位置离场，重点不在操作上，重点是在对行情走势规则的认识上。

底部盘整区的进场方法不是本章的重点，先从气口区开始，如图2-13，这个气口区的做气与前面几个案例在外形上又不太一样，看不到明显的回调形态，或说K线组合，但注意当价格突破盘整区之后有一个一字板的K线，紧接着这个一字板之后是一个以涨停开盘，然后一小时开盘直接下跌，当天上午接近了跌停价后又快速回升，至下午收盘当日的收盘价恰好比前一天的一字板高了一分钱。

其实这一天的走法，按百万图分框的逻辑就是——做气。

重意，大于重形，得其意，便可不再拘泥于这一个个案与前一个个案的具体形态的外在不同。

横盘区被突破必然会引发跟风盘，如果不是直接连续上涨则很快就会有突破后的第一次洗盘，其回调的幅度大致有突破后的50%，但如果交易者不懂这个背后的原理，眼看着前一天的一字板被再次涨停开盘后的迅速下跌打穿，当价格由涨停向着跌停接近的时候，心里基本都会认为这行情结束了。

那行情有没有结束的可能？当然是有的。如果当天价格不收上去，接下来的第二天继续下跌，那真的就可以认为结束了。这样追突破的跟风盘至少有一半以上会被套住。

所以，战·体系的交易方法是从来不在刚突破时追单进场，要么在底部盘整区进场，要么就在突破之后的第一次回调，即做气时进场，突破后第一次回调按百万图的步骤就是做气，气做得对不对将直接决定这个突破的真假。

历史往往就在某个关键时刻，发生了一件当时看起来不起眼的小事而改变了进程，或许是因为这件小事改变了历史的进程，或许这件小事的发生本身就是历史的选择。

作为一个旁观者，作为一个交易者，我们是相信小事改变了历史，还是相信历史决定了小事，笔者认为我们可以将这两种思路同时在大脑里运行。

我们可以假设趋势最终将走出来，那么在气口区的回调行为必然是做气及必然符合做气的标准，这是一个对于整体趋势不起眼的回调，我们可以去观察这个回调符不符合做气的特征，如果符合，我们就可以参与到这个趋势的历史进程中，如果回调的幅度明显超过了做气的预定范围，那我们就放弃参与就好了。

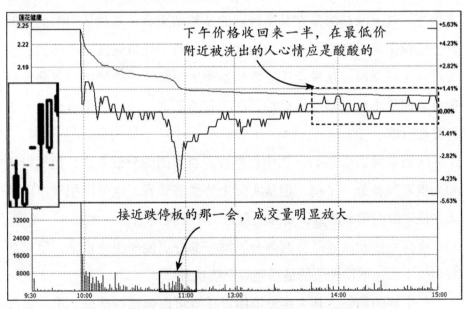

图 2-13　莲花健康 2019 年 12 月 2 日　分时图

如图 2-13，当价格向下跌到当天最低位的时候可能不敢动手，而上午的盘面一定造成了对前几天持仓者心态的动摇，该洗出来的应该都被吓出来了，尤其在价格接近跌停板的那一会，成交量明显放大，也就是当天上午坚持到最后终于还是坚持不住出局了，但下午收盘前可以观察到当天跌幅已收回了一半。

如果是当天下午收盘前进场，此时可以作两方面的假设，一是假设做气做完了，后面的行情将进入主推动段，如果是这样就拿着就好了，二是假设后面如果涨不上去，那么便可以把风险设在当天下影线的最低点，输则大致5%，赢则一波主推动段的预期，盈亏比非常好算。

进入到主推动段之后，当涨了一段足以认定趋势确已形成的幅度后，再回头观察，似乎看不到气口区在哪里了，这是初学者比较容易出现的问题，不要紧，即使你不认为前面涨停开盘当天下探至跌停板附近的走法是做气也不要紧，因为气口区本身就包含在第3浪的定性里面，它和主推动段都属于第3浪。

能认定上涨的趋势已形成，价格肯定是已经过了气口区，毕竟也有相当一些上涨趋势是在某个级别的调整结束后，直接从当时的最低价连续拉阳线，省略了2浪的回调，也省略了气口区做气的回调，直接进入主推动段，这种走法需要从本质上理解一个趋势可以省略任何部分，但绝不可省略主推动浪，因为省略了这一段，便不可能是一个趋势性行情。

回到本例如图2-12，图中仍然按照百万图的分框方式，把气口区和主推动段各分一个框，但从实际走势的态势看，也可以把气口区纳入主推动段的第一部分，实际上都是属于主推动浪。

这样主推动段还是分两部分，第一部分更偏向缓速推动，第二部分则属于加速推动性质的最后连续阳线拉升。

一个好的趋势，其主推动浪阶段任务可以包括两部分，第一是气口区，这个案例从实际走势的结果来看气口区的外在特征不明显，但仍然做了气口区该做的过程动作；第二是主推动段，主推动段再分两部分，一是加速推动，二是缓速推动。

气口区做气的行为取决于主力需不需要洗盘，但这个位置的洗盘从一波趋势的幅度来比较，必然是幅度不大、时间不长，因为这里的洗盘行为仅仅只针对追突破的短线性质跟风盘。

而这个动作一旦完成，必然会进入一波趋势里最激动人心的时刻，这是整个计划里最重要的一部分，这一部分如果不能很好地完成，相当于我们为了做成一件大事做足了准备，而当时机成熟的时候，自己却没有很好地按预想去执行和推进计划，使结果大打折扣，这样不仅会让自己失望，也会让与此事有关系的人大大失望。

所以不难理解，主推动段可以有两段推升，使这个3浪的幅度明显区别于其他的推动浪，当做气洗盘的工作完成后，或直接加速推动，或是先波浪式向上推动，在这一段结束后做一个小小的调整，再进行第二段的推动上涨。当一前一后两段都做完时，主推动段所体现出来的主推动浪就可以结束了。

接下来是第4框的行情——假设一下，行情是先调整再创新高？还是直接见顶反转下跌？

从主力的角度去思考首先会出现哪种行情，可能要考虑一系列图表以外的因素，但这些因素作为旁观者是猜不到的，既然如此也就不必费尽心思去猜，我们看图就好了。

看图，怎么看？

第4框：调整区

调整区完整的表达应为：完整的调整（首次）+ 调整后继续涨（创新高）。

按标准的百万图来看，一波完整的趋势的最高点是在第4框才出现并结束，如果把百万图的几个阶段用波浪理论来划分，第4框或可以是第5浪，熟悉波浪理论的朋友或许会认为把这一块行情命名为"调整区"不是很合适。

所以本书在这里需要在波浪理论的基础上，再对市场做进一步的分解定义。

百万图把调整区分为两部分，前一部分是第 3 框结束点同时也是第 4 框开始的点位，从这里开始向下调整，而调整要达到"完整"的标准，是指至少要向下跌两笔，在视觉上可以很清晰地看到两次下跌，在波浪理论里把这种形式的下跌称为 abc 的调整。

需要特别注意的是，不论从形式上看还是从形态上看，这种调整在一波趋势性行情进入主推动浪之后，且在主推动浪结束之前，是不会出现的。

主推动浪的中间任何一个位置都可以出现调整，或一两个阴线的快速调整，或一个小小的浪形调整，但绝不会出现这种在技术形态上完整的调整。为什么？

因为从逻辑上讲只有一个"完整的波段"结束，才可能有对应的"完整的调整"出现，这类似于我们平时干活，一个活没干完你怎么可能就去好好休息，如果想要好好休息，是不是应该把手头上正在进行的活干完才行。当然在干活的途中稍稍停一下喘口气喝口水是可以的，类似于主推动浪中的一两根阴线的快速回调。

对于正在途中的涨势来说，凡是阴线皆为调整。哪怕只是一个一分钟的阴线，这个阴线对于日线级别的涨势来说也是调整，只是这种调整通常被人为地忽略了，因为它即使放在一个 15 分钟的阳线里可能也看不见。但看不见不等于不存在，存在了也确实可以被人为忽略，因为它确实不影响我们对于大的周期仍是涨势的看法。

但如果从周期的大小关系来看，这种调整都属于不完整的，因为当下正在做的这一波阶段性的上涨的工作没有完成。

这一概念与人们平时生活中所遇到的事基本一样。当我们做一项需要团队协作的工作，我们通常会提前把计划做好，会把计划分为几个阶段，会制定出来每个阶段需要完成的任务和预定完成的时间，以及阶段任务的预期目标，等等。

一个投资者在分析盘面的时候，如果把这个思路代入到一波行情中，就很容易想明白一个逻辑，即一个完整的调整出现了，就代表前一个阶段的阶段任务已经完成了，把这句话颠倒过来再说一遍就是，一个波段结束了，就一定会出现一次完整的调整，也可以理解为一个阶段的活没干完，只能简单休息一下，而一个阶段性的活干完了，就可以好好休息一下。

市场里绝大多数的交易者在平时看盘的时候，很难清晰认识到当下的行情是处在一波行情的哪个阶段，因为市场（主力）不会提前告诉你（事后也不会告诉你）这一波行情的完整计划，以及每个阶段是具体怎么样按步骤推进的，以及在推进过程中如果遇到了突发情况（主力）该怎样处理。

亦是因为人的思维具有惯性，所以容易被当下正在发生的行情带着走，尤其是当行情正处在第 3 框的第二部分时，不管是缓速推动段还是加速推动段，总之是两段都出现了，这时的行情图表所显示出来向上角度的陡峭度，很容易把正在看盘的投资者的思维带着向无限的高度想象。

笔者通过长期的观察发现，即使是市场里最牛的涨势图也是符合这种两段式推动行情出现后紧接着一个完整的调整的盘面规律，这是一个前后相互验证的关系。

如果一个投资者可以很轻松地在正在发生的行情中识别这个盘面特征，那自然可以毫无心理斗争地确认那是一个可以高位离场的形态特征，但如果还识别不了这种特征，则在可以识别一个"完整的调整"已发生的情况下，反向得出前面的一个波段已结束，即"完整的调整"只要出现了，就代表百万图的第 3 框确实已经完成了。

当第 3 框完成时，行情开始向下掉头进行第 4 框的第一部分，这个调整将进行两次下跌，第一次下跌后会重新向上涨，但不会创新高，价格会在第 3 框的高点之下再次掉头向下，这次向下将接近第一次下跌的低点，或在低点之上止跌，或低于第一个低点，这视乎第一次下跌的幅度大小。

如果第一次下跌的幅度已足够，则第二次不需要再跌得更低，价格将在第一次的低点之上止跌，反过来如果第一次下跌低点的幅度不够，那第二次会向下跌破第一次的低点，这样也就形成了一个向下突破的形态。

向下突破之后，要么很快收上来，收上来之后形态就是大家经常说的"假突破"，要么跌深一些，这样就形成了向下的第3浪，但第3浪很快就走不动了，随后也会收上来，如图2-14。

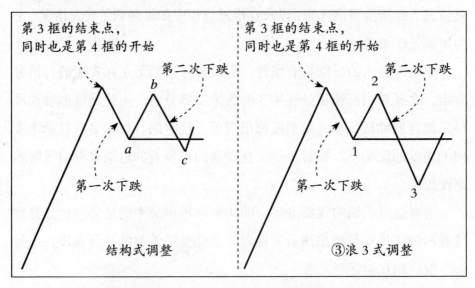

图2-14　这两种方式都可以称为完整的调整

不管第二次下跌会不会跌破第一次下跌的低点，都可以从形态上清晰地看到两次下跌，这样加上第3框的结束点即第4框的开始点，和第一次下跌之后的反弹高点，就有两个高点和两个低点构成的形态了，这是技术分析在分析形态时所需要的最少条件，即一个形态最少具有两个高点和两个低点才达到"完整"这一定义的必要条件。

当在一个明确的上涨趋势之后看到了这种形态，我们可以知道两件事，一是当前这个周期上涨趋势的主推动段已经出现过了，二是这种调整形态同时表明了价格不会以跳框的方式在第 3 框的高点之后直接跌下去，那么我们可以按百万图的模型，预期一个调整结束后再创新高的行情，就是第 4 框的第二部分。

两个部分的划分以框内的最低价定位，最低价左边为第一部分，最低价右边为第二部分。

毕竟这第二部分也可能有超过 30% 的幅度，如果预期的是对的，这一段行情将在很短的时间内就可以完成了。

再以鼎胜新材为例，看看第 4 框的行情是怎么演绎的。鼎胜新材 2021 年中间的一波日线上的趋势行情，从底部盘整区 4 月份的 11 元左右，一直持续到 9 月份的 50.59 元，约半年时间涨幅远超过 3 倍，图 2-10 是对图 2-9 的重新分框，因为在最后一段的上涨前确实出现了一个完整的多头结构，即形态上的完整的调整，无论在哪个周期的一波强劲的趋势后出现此形态，都可以反过来推导主推动段已经结束。

但问题在于这波涨势本身是日线级别的，所以在日线周期的本身你可能没注意到一个完整的调整其形态已完成，因此需要我们在看盘分析的时候随时切换到日线以下的小周期去观察。

这不是仅仅为了观察方便，也是大小周期相对应的逻辑关系，趋势如果出现在日线，那么对于趋势的调整则只能出现在日线以下的周期，日线以下紧挨着日线的便是小时周期，因此调整的完整形态最大只能大到小时周期，即如果能在小时周期里看到一个清晰的多头结构，则从大小周期的对应关系上说，对应趋势的调整已达到可以成为完整的程度了。

所以结合图 2-10 和图 2-11，来看图 2-15。

第 4 框的第一部分是从 44.47 到 34.18，第二部分是从 34.18 到 50.59。

第一部分有两个高点和两个低点，第二个低点在跌破第一个低点后快速收上来，这样就形成了多头结构，对于这种进场技术形态还不熟悉的投资者，可以在结构形成后（即跌下去再勾上来后）进场，则仅以此结构来说止损可设在结构点（34.18），如果已能熟练掌握，其实在很多时候可以在结构点（34.18）的左侧分批进场，这种左侧方式属于提前进场，前提是需要充分认识百万图对于一波趋势的几个阶段衔接转换的逻辑关系。

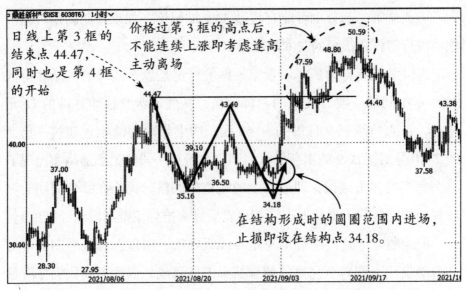

图 2-15　鼎胜新材　第四框从最低点到最高点的涨幅为 48%

第 4 框的行情从本质上来讲，是主推动段的延续性质，和前面三个框组合在一起，完成在一个周期定义里的一整波趋势。

因为一波趋势的发生，肯定需要一个或多个题材，如果有多个题材则这里面一定有一个起主要作用的题材，这在辩证法里叫主要矛盾，主推动段的行情体现的就是主要矛盾，主推动段结束了也就代表主要矛盾解决了。

顺着这个逻辑思考一下，日线级别的涨势其对应的完整的调整是在小时级别里，所以虽然小时级别向下跌两次（或叫两笔），但它对于日线级别来说仍是调整的性质，那么调整过后的继续上涨已经不需要再去重新解决主要矛盾了，那它就没有理由在幅度上超过主推动段，所以它只能是主推动浪当中的主推动段之后的延续性质，或还有一些次要矛盾是在这第 4 框的最后上涨中来解决。

所以回到本节开头提出的波浪问题，再来思考一下波浪理论对于一个完整的百万图所理解的一波趋势怎样来标号，似乎在这个案例的具体图表中，第 4 框的高点，仍然标为第 5 浪是完全合乎波浪理论的精神的，那么第 4 浪其实就是第 4 框的第一部分，第 5 浪是第二部分，或许也有波浪理论的爱好者会把第 4 浪标在主推动段第二部分开始的地方，即从主推动段第二部分一直到趋势的最终高点都是第 5 浪，如图 2–16。

这两种标法好像都是可以的，但这就是"千人千浪"这个说法在技术分析爱好者中流行的重要原因，因为灵活性太大了，谁也说服不了谁，多种不同的标法都符合波浪理论的精神，尤其是初学者最常出现的问题就是过早地把 5 个浪数完了，直到价格再创新高时才知道数错了，以至于容易在实盘交易中，不同的浪形标法就会对下一个位置的预期产生过大的偏差。

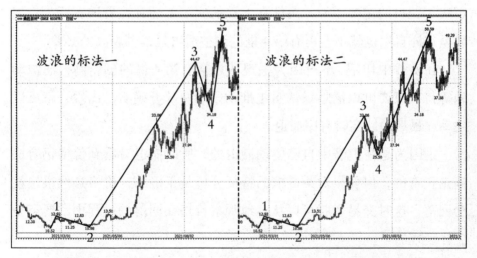

图 2–16　波浪理论对一波趋势的两种不可结论为正确的标法

所以战·体系在使用波浪理论时，更多注重的是对价格涨与跌在定性方面的研判，主推动段含加速段和缓速段两部分，都是属于主推动浪的一部分，主推动浪还包括主推动段之下的气口区，和底部盘整区的第二个低点之后的部分，这几部分在波浪理论里都属于第 3 浪的不同阶段。

只是在鼎胜新材这个案例里，主推动段在第二部分缓速推动段之后的最后一小波上涨，到底是属于如图 2-16 的两个不同标法的第 5 浪，还是仍然属于第 3 浪的最后一部分，仍是千人千浪的问题。

所以战·体系在这里暂不去明确标注它是属于第几浪，实战是以结果为导向的，在当时无法明确唯一性的浪形里，争个暂时的理论对错没有太大意义。

结果的导向是指主推动浪的主推动段的两部分都出现了之后，这一波趋势也就到了一个周期的阶段性高位，这时应该考虑激流勇退主动离场，因为有相当一部分品种个股在主推动段结束后，就直接高位瀑布式下跌，没有"调整区"，也没有"转折区"，以直接下跌的方式省略了这两个框，这是跳框。

这种跳框的走法，基本可以认为是因为主推动段的行情幅度不但解决了题材的主要矛盾，可能在上涨的幅度上还存在着透支行为，如果是这样自然也就不会再有第 4 框的调整后再延续创新高的必要。

在实战中切记.不可因为主观认为会有第 4 框的创新高，而被动地等待，只要可以清晰辨认出主推动段的两部分确实已出现，就可以主动在最后的冲高时有序撤退。

正因为是在上涨中自己主动撤退的，所以撤退后看到价格仍有冲高是正常的，但如果对第 3 框的特征分析是正确的，价格必然很快就会回落，这时交易者就可以从容地观察价格在回落的过程中，形态是怎样表现的了。

如果是直接一路下跌不反弹，那么恭喜你在相对的高位成功出局了，但观察几天后如果形态在下跌的过程中呈现的是震荡状态，不是直接跳水式下跌，就意味存在着调整区再延续创新高的技术可能，就如图 2-15 在第 3 框主推动段结束之后，并没有直接大幅下跌，这样就存在了第4框再做一波延续性创新高行情的技术条件。

　　我们先来看一个主推动段结束后直接下跌的案例凤形股份，见图2-17。

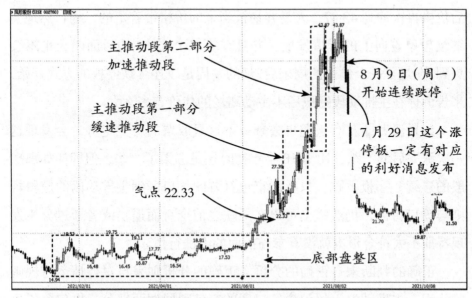

主推动段第二部分
加速推动段

主推动段第一部分
缓速推动段

气点 22.33

8月9日（周一）
开始连续跌停

7月29日这个涨
停板一定有对应
的利好消息发布

底部盘整区

图2-17　凤形股份　调整区直接变为跳水式下跌

　　这波行情在2021年上半年做了四个多月时间的底部盘整，正式上涨从6月份开始持续了两个月，涨幅接近150%。

　　主推动段的第一部分从气口区的气点开始，气点是一波趋势在突破后的第一次回调的结束点，实际上气口区和主推动段，在波浪理论里都是属于主推动浪，即属于第3浪。

　　主推动段的第二部分是连续的大阳线拉升，在日线图里这部分中间没有出现阴线，直到最后一天（2021年7月26日）高开冲高十几分钟就摸到了涨停板43.87，然后上午十点多正式开板跳水，留下一个上影线并最终收成了带下影线的大阴线，这一天如果在早盘冲高时没有主动减仓离场——事实上也比较难以完美做到，因为价格冲着冲着就到涨停板了——后面就不舒服了。

　　当从涨停板开始下跌时，这时需要做一个判断：这是一个趋势途中的正常回调，还是趋势在这一天短期见顶了？

如果按照通俗的理解"涨势这么好，怎么能轻易被一个回调吓到？"如果这么想，很可能在后面几天的再次冲高时放松警惕，因为在一周后价格再次冲到 43.87，人是容易被当下的价格带着走的，很自然地会继续想象着向上的行情发展，并且在第二个 43.87 的后面两天也不会想到，在过了一个愉快的周末后，新的一周是以连续跌停板的方式开始，来告诉你在主推动段完成后不主动离场的代价有多么大。

如果读者朋友有兴趣再去翻一下这只股票的历史走势，会发现这一次涨完后的下跌，比 2018 年年初时还是温柔了一些，但即使如那次般的连续一字板下跌，只要能牢记百万图气口区到主推动段的逻辑规则与盘口特征，仍然完全可以在下跌之前全身而退，或者通过分析发现特征不太符合根本就没有参与前面的上涨行情。

正确的判断来自正确的分析，正确的分析则来自对行情运行规则的认识，主推动浪不仅包含气口区的突破和回调两部分，也包含了主推动段的加速推动和缓速推动两个部分，当这两个部分都在盘面上显示出来的时候，就意味着主推动浪要结束了。

如果加速推动段是在缓速推动段的后面出现，注意一点，当加速推动段的幅度大于缓速推动段的幅度时，这一段理论上就可以随时结束了，在超过的幅度之上，只要价格不再保持连续行进的态势，就可以考虑主动在冲高时有序撤退，当然这种主动离场的行为不能期望出场在最高点，即使分批离场，当最后一笔出完后，价格仍有继续冲高的可能，这需要交易者保持好内心的克制，是否能克制住其实还是对行情运行规则的认识与理解。

如果读者朋友从阅读本书到现在，确实理解了"市场的百万图"对于一波趋势几个阶段划分的逻辑原理，一定能感受到在两个 43.87 的价格中间有一个涨停板的 K 线，那里一定有相关的利好消息推送到关注过此股票投资者的手机上，但主推动段既已结束，当然也能理解一个涨停板之后就并没有再继续快速拉升的意义了。

再从波浪理论来看一下这一个案例的浪形如何划分。把主推动段的结束点标示为第 3 浪应该是绝大多数人都不会反对的，但是这幅图的第 4 浪和第 5 浪在哪儿呢，如果把最高点的 43.87 作为第 5 浪，那么两个一样的价格又取哪一个 K 线的高点比较好呢，但其实不管取哪个作为第 5 浪，再往前面找第 4 浪都不好落笔。

实际上这波趋势的结束方式不是个案，市场里有很多以这种方式结束的趋势，不必纠结于有没有第 5 浪，第 3 浪的幅度已经充分说明了这是一波趋势，趋势既然结束了，就是结束了，我们完全可以认为它只有第 3 浪，没有第 4 浪和第 5 浪。

这一段内容理论上应该是放在第 3 框主推动段的章节里，放在这里主要是为了比较第 4 框如果不跳框，其 K 线形态在第 3 框结束后是怎样表现的，当然也是为了强调不管第 4 框跳不跳框，当第 3 框的两部分在盘面上都显示出来时，要有主动离场的心理准备。

这样对比着来看一下鼎胜新材（如图 2-18），在第 3 框结束后的形态表现就比较清晰明了了，然而，这幅图的走法具有一定的代表性，就是表现在你可能数错框的情况下，只要还能牢记百万图的几个框衔接转换的逻辑关系，仍能不发生亏损。

前面在图 2-10 纠正了图 2-9 的错误分框方式，但在实际中仍有很多类似的这种形态，由于交易者本身不是太理解"完整的调整"在形态上是怎样表现的，而仍然按照如图 2-9 的方式来分框，这就会把第 5 框的转折区误认为是第 4 框的调整区。重新画个图来看看，如图 2-18。

市场是理性的，人是感性的，第一眼看上去确实很容易把第 4 框的行情纳入第 3 框的第二部分缓速推动段里，而之后的形态也确实出现了一个比较标准多头结构，按照结构的标准就是当结构完成之时，即价格在第二次下跌向下跌破了第一次下跌的低点，再重新勾上来回到突破线时，可以再等一个小小的回调，如图 2-18 圆圈处进场。

因为，在逻辑关系上第4框只是第3框的延续性行情，从第3框的主推动段开始，一鼓作气是加速推动段，再而衰是缓速推动段，三而竭是第4框对主推动段的延续。

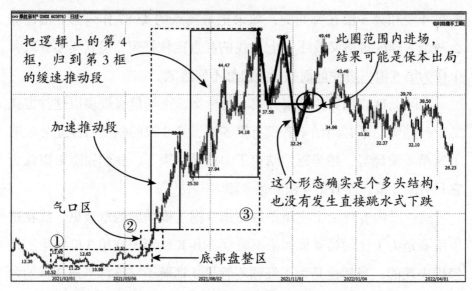

图2-18　鼎胜新材　视觉的误差可能导致错误的分框

当价格超过第3框高点后就要准备着随时离场，这个图在最后接近高点时停了下来，突然一个一字板跌停，这一天想出也出不来；第二天直接跌到了多头结构的技术进场位置，这时不能纠结它还没有创新高，真正的第4框可以是震荡式上涨创新高，但震荡式不能如此剧烈，能回落到进场位置附近，即使再向上也不会是延续性的行情了。

那逻辑其实也很简单，既然不会有延续性质的行情了，也就说明一波趋势已经告一段落了，继续沿着这个逻辑推导，则之后不论有没有反弹都将重新跌下去。

因此，这一单交易首先在分析上是错误的，但盘面的形态上确实给了一个多头结构,这个结构本身是对的,则按照这个结构的理由进场，当价格再跌回结构形成后的进场位置，这时应该意识到先考虑风险，然后可以再回头找找在分析盘面时有哪个地方遗漏了。

当然，也并不是所有在认错框但在多头结构看对的情况下，结果都是从高位直接先来一个一字跌停，再直接跳空下跌到进场位置附近，比如说 2021 年的一匹大黑马"国民技术"，见图 2-19。

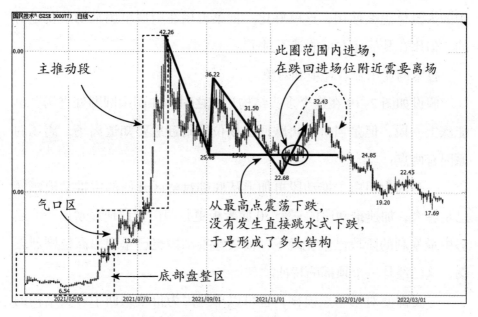

图 2-19 国民技术 2021 年的一匹大黑马

这只股票从 2021 年的 5 月中旬的底部盘整区 7 元算起，涨到 7 月底的 42 元涨幅达 5 倍，即使从 6 月份的气口区开始算涨幅也达 2 倍，其主推动段的加速推动段 7 月 21 日先拉了一个 20 厘米的板，这中间经过一个星期的停牌，重新开盘后又连续拉了两个 20 厘米的板，这样在高位经过两天的调整后转入缓速推动段，之后没有跳水式直接跌下去，而是一路震荡下跌。

在经历了三个多月的时间后，日线图上显示出一个清晰的多头结构，这个结构很容易被误认为是百万图第 4 框的调整区，误认这个结构是调整区第一部分的调整结束了，而这个多头结构本身是对的。

从《战·期货》一书出版之后，笔者这些年也很多次在线下教一些朋友们画结构，发现一个最普遍出现的现象，就是单纯地在 K 线形态上画一个结构很容易就能学会，但如何将画出的结构应用到实战中是个难题，这与学习波浪理论相似，即单纯在一波行情里画出 5 个浪很简单，这是一种技术，结构本身也是波浪理论里调整模式的 abc 浪，战·体系将 abc 浪"结构化"，所谓的技术本身无对错，关键要看使用的人具体怎么使用，这就好比一把菜刀用在厨房里用来切菜就是对的，但用在其他地方可能就不对了。

技术的使用要看环境和对象。

假设如图 2-19 在这个多头结构形成之时，在图中圆圈处进场，也能涨上一段，但是当价格再跌回进场位置附近后要知道离场，离场的原因有两点：

一是因为明白主推动段再加上从底部盘整区开始的主推动浪幅度已足够大，加速推动段的三个 20 厘米板更是明白无误地显示出一波趋势中最暴利的阶段已经兑现了，而缓速推动段也已呈现出高位剧烈震荡，这已经是一个顶部的特征。

二是即使对第一点模糊，也可以单纯因为价格跌回了多头结构的进场位置附近而离场，因为即使从单纯的技术上讲，进场位置即代表技术起涨的位置，技术如果是对的，则价格不能再回到技术起涨的位置附近，因为这是对"涨的技术"进行否定。

那么国民技术这幅图怎样才能正确地理解，从最后的结果看，日线级别的一波轰轰烈烈的趋势，用百万图分框的方式，是在主推动段结束后跳框了，从第 3 框跳到了第 5 框，在第 5 框做了一个第 4 框多头结构的假动作，但结果却并不是第 4 框调整结束后延续性创新高。

首先一点，主推动浪（含主推动段、气口区及底部盘整区最后从 7 元附近开始的上涨部分）的幅度是不是有透支行为是值得怀疑的，当然并没有直接证据确信这个幅度是透支的，但 5 倍的幅度在 3 个月的时间内完成，这须要多大的题材来支撑，适当怀疑一下也并不过分。

第二，在前面定义百万图的几个阶段时，已经比较明确定义了调整区，即完整的调整（首次）+ 调整后继续涨（创新高）。

注意前半部分的表达"完整的调整"，那国民技术这个多头结构是完整的调整吗？答案是不仅完整而且远远超过了完整的标准，实际上已经是过分完整了，谦虚是一种美德，但如果过分谦虚或许更多的是做作，这是不好的。

在百万图给每个框做定义时，第 3 框为主推动段，在这个阶段是不会出现完整的调整的，只有当这个阶段结束了才会出现完整的调整，这是由阶段规则决定的，而按照这个逻辑向后市推演，假定在主推动段之后有一个延续性的行情，则只需要在这过程的调整比主推动段里的调整多一个步骤即可，即在主推动段不完整的调整，转到调整区的调整达到完整的标准就可以了。

但你若是把国民技术这个多头结构，与前面图 2-10 鼎胜新材以及图 2-12 莲花健康的调整区形成的多头结构比较一下，你会发现国民技术这个多头结构太大了，它确实是个技术上的多头结构，但它远远超过了完整的标准，过分了。

人是勤于动心，而懒于动脑的。

任何一个市场、任何一个具体的股票或任何一个期货品种，当其在图表上给大众展现出一波趋势的时候，都是引人注目的，人们仿佛在这波趋势里看到了自己。

保守的投资者喜欢买那些长期底部横盘的股票，因为认为它们安全，但安全并不能带来收益，买进去后它们或许仍将继续保持着很长时间的底部横盘。

保守的策略不适合有想法的投资者，于是等底部盘整结束价格向上突破了再说，然而做突破容易被洗，等回踩的也并不能轻松把握回调结束的位置，当行情正式展开主升浪后，意识到自己已经错过了好的位置，但主升浪通常不会再给一个让人感觉安全的进场机会，一路看着涨起来但没有做到的投资者，心里或是有些许酸涩泛起。

梦想是蓝色的，主推动浪是红色的。

正是因为有梦想，才来到了这个市场，红色的主推动浪总是引人注目的，不管你是一路看着涨起来没参与进去，还是刚刚看到它，它都会把我们的梦想再次点燃，当主推动浪的主推动段完成之后，上涨的行情就会告一段落，这时价格如果不是直接跳水式跌下去，我们一定能看到随后在图表上呈现出调整的特征。

调整区的形态只要呈现出多头结构都表示后续会有一段上涨，要么是完整的百万图所预示的第4框创新高，要么是由第4框转入了第5框的转折阶段。

如果我们能清晰判断出第3框的上涨幅度已有透支行为，那可以进一步分析此时调整区的多头结构，是否已远远超过了"完整的调整"的完整度标准，如果这两点都能得出肯定的判断，则无须再为这个多头结构动心了。

但如果这两点都是否定的，那么对第4框的行情是一定要打起精神准备参与进去的，因为即使它只是个延续性的行情，但它到底仍是属于明确趋势的定性，这一段行情将会在很短的时间内有可能超过30%的幅度，其"时间效率"的价值，将远远大于长期底部横盘所谓的"安全"的价值，当然也大于大多数处在震荡状态行情的价值，因为这两类行情都是没有确定性的。

确定性的定性，是蓝色梦想的延续——

第4框第二部分创新高的确定性预期，来自于第3框幅度的不透支和第4框第一部分技术形态的相互验证，再来回顾一下前面图2-8说到的玻璃期货，把2-8的图做重新标注，如图2-20，再把第4框的行情用2小时周期显示，这样更清楚一些，如图2-21。

日线级别的趋势行情，其完整的调整在视觉感受上，体现在日线以下的周期里，小时周期里要有视觉感受上明显的两次下跌，在前面的图2-14里列出了两种方式，玻璃期货这波趋势第四框的第一部分，由于第一次下跌幅度不够，从日线上看其实也就两根阴线，于是第二次下跌明显超过了第一次下跌的低点，形成了向下的第3浪，但3浪并没有向下跌太多，达到了③浪3的幅度然后收上来了。

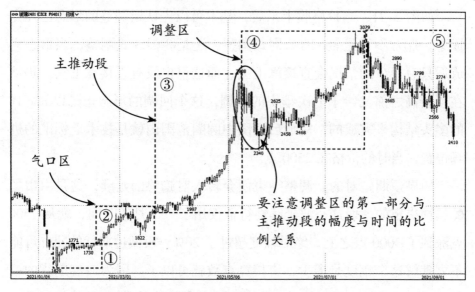

图 2-20　玻璃 01 合约 2021 年 1 月至 7 月　日线

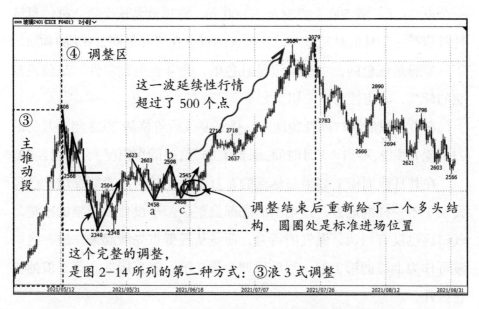

图 2-21　玻璃 01 合约 2021 年最后一波上涨的第四框行情 2 小时

③浪 3 的幅度，是指突破后的幅度超过了通常意义上的"假突破"的突破幅度，但是其 3 浪也没有走出通常意义上的真正 3 浪的幅度，

是介于假突破与真正的3浪之间的一个幅度。作为调整来说，这个幅度达到了主推动段之后的调整所需要的"完整"的标准。

如图2-21，当价格收上来后，基本可以先认定调整的形态已经完成了，通常不管是abc的结构式调整，还是③浪3式调整，当形态完成后只有很少的情况会直接涨上去，而这里也没有直接涨上去，仍然在创新高之前又给了一次小小的回调，这个回调的形态正是以abc式的多头结构来完成的，完成后的图中圆圈范围内就是技术上标准的进场位置，当时的价格在2500点。

如果预期是对的，调整结束便会转入对趋势的延续，这是由市场的属性决定的，而这一波延续性行情仅用了一个月的时间，就从2500点涨到了3000点之上，绝对幅度超过了20%，没做过期货的朋友可能不太理解这个幅度是多少，直接算点数就可以了。因为玻璃期货的一手是20吨，所以2500点的价格按10%的保证金就是5000元做一手，一个点20元，涨500个点就是10000元，意思就是这个第4框的延续性行情在一个月的时间里可以让投入的资金在账面见到200%的利润。

梦想是蓝色的，主推动浪是红色的，第4框的确定性，是蓝色梦想的延续，确定性高于一切。

再看一只股票"朗特智能"，作了复权后价格从2022年4月份的23元至8月份，不到4个月时间，涨到了85元，时间短幅度大，如图2-22。

在其日线周期上如果与标准的百万图作比较，读者朋友应该已经发现了不一样的地方，这幅图的底部盘整区似乎没什么盘整的感觉，气口区也没有回调、做气的行为，而是从最低点先涨起来一波，这一波可作为上涨的第1浪，然后回调个第2浪，就直接进入第3浪的快速拉升。

按百万图的分框这个走法就是省略了第2框，直接进入第3框的主推动段，亦是直接进入加速推动段，然后中间经过一个小小调整再转入缓速推动段。

这种走法正如前面论述过的，市场里大多数的趋势都不会按照百万图"完整且标准"的步骤，完全地按部就班走程序，这是我们很难在一次经历中就能完整认识到事物发展的内部规律的原因，正是因为某只股票的具体一波趋势，不会将一波趋势的所有细节都一次性完整地展现出来。

这就如一个人学了一套武学上乘功夫，这个人不管在事先规定好比武规则的擂台上，还是在某个街头与他人格斗，都很难在某一次具体的博弈中将所学之武功的每一个招式都完全展示出来。

比武也好，格斗也好，要求的结果是打赢对方，把这个思路代入到市场里，从主力的角度来思考这个问题，就是主力想做一波趋势来赚钱，一定要拉出一个主推动浪，这个空间拉出来就基本锁定胜局了。

所以，如果再从效率的角度来理解，战·体系用市场的百万图，把在一个周期定义内的一波步骤完整的趋势从最低点到最高点，划分成了四个阶段，每个阶段都至少再分两部分的阶段内任务，但理论上的效率极致是除了主要的拉升段，其他所有的部分都可以能省略尽量省略，这是属于最高效率的一招致命。

可是按这个思路，如果市场上的每个主力在每次发动行情时，都使用一招致命的绝杀技，那这个市场不用太久就会只剩下光头光脚大阳线与大阴线了，再过一段时间散户也将在这个市场消失了。

因此，必要的招式还是需要的，只是我们也不能指望每个招式都完全按照教科书式的中规中矩。

但我们作为市场的参与者，需要了解一波趋势从开始到结束，其完整的过程中每一个步骤是怎样的，具体到每个阶段主力需要做什么，以及怎么做才是合乎逻辑的。

正如有一套武学上乘功夫，如果我们完全了解这套功夫，那么当一个人在比武格斗中使用这套功夫时，我们轻易就能看出他使到了哪一招，前面有没有省略掉的招式，如果不出意外的话，也能知道他下一步将会使出什么招式。

用百万图的分框逻辑，再看"朗特智能"的日线图（见图2-22），这个日线周期主推动段的两部分完全体现了主推动浪作为第3浪的足够幅度，从加速段到缓速段的衔接亦是自然流畅，因此在实战中不必纠结有没有看到气口区做气的动作。

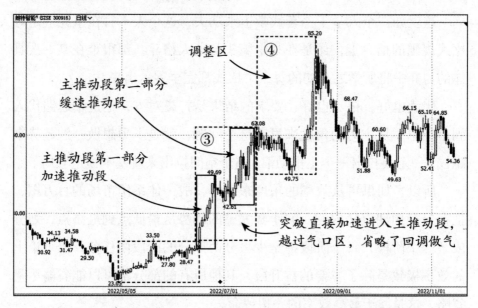

图 2-22　朗特智能 2022 年 4 月份到 8 月份的一波趋势　日线

或许在实战中会因为不追突破，同时突破后又没有回调的买入机会，而错过了这一段行情，这很正常，但行情既然已走到了这里，当下更重要的事应该是确认这波行情的性质。

按照百分图分框的逻辑关系，如果我们不能完全确定主推动段的幅度是透支的，就存在了在主推动段结束后再走第4框行情的概率。是概率还是确定性，能不能从概率转到确定性，只需要等主力使出下一招就明白了。下一招是什么？是第4框的第一部分。

图2-23是1小时周期显示的第4框细节，当一个完整的多头结构显示出来后，注意与日线对比一下，对比这个调整形态与日线主推动段的时间与幅度的比例，调整的形态如果太小那肯定是达不到"完整"

的标准，如果太大则意味着可能会超过"完整"的标准，即这个多头结构的形态完成后太小与太大都是不好的。

合适就好，既完整同时又不过分就是确定性，如图 2-23 所示在结构的最后一笔拉起来之后，仍给了一个小小的回调才正式向上创新高，图中圆圈处那个回调结束的位置就是标准的进场位置。

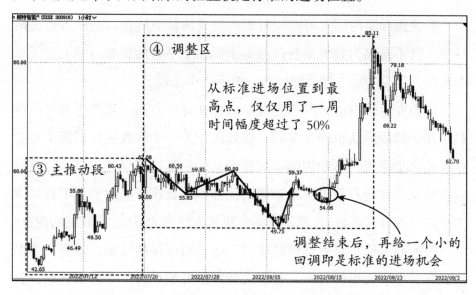

图 2-23　朗特智能第 4 框的延续性行情　1 小时

逻辑走到这一步，一环紧扣一环。

第 4 框的延续性行情，将在很短的时间内实现或将超过 30% 的幅度，这一波行情在时间效率上的价值，在整个市场的所有机会分布里，仅次于主推动段，因为它延续的是——趋势的确定性。

第 4 框行情完整地结束，代表着在一个周期定义内的一波完整的趋势结束，后面的行情将转入涨跌循环的另一个周期，往小了讲是一个涨跌循环，往大了讲也可以是一个牛熊循环。

行情将以两种形式来表达另一个周期的状态，一种是简单明了的下跌，一种是比第 4 框出现的完整的调整复杂更多的调整状态，这种调整模式的尽头将以另一种结构形式展现出来，就是复合结构。

复合结构是战·体系对市场所有形式的震荡，归纳、提炼出来的六种结构中的最后一种，这种结构一旦完成，就代表着一个新的上涨周期又开始了，或一个新的牛市又开始了。

市场从诞生的那一天开始，一直在上涨与下跌中循环，不是吗？

第5框：转折区

单纯做股票的朋友可能比较难以快速辨认出转折区的图表形态的特征，这不是因为技术本身，而是主要在于平时的思维习惯上少了一个方向，很少主动去思考如何在一波下跌中赚钱。

趋势发生转折前，形态上有什么特征是一方面，当然也有对一波趋势几个阶段的认识作为基础，转折区作为一个涨跌循环周期中必然存在的一个位置，不管你能不能看见它，它都在那里。如果一个投资者能清晰无误地判断出一个趋势的顶部，那么转折区的形态不管做得多么简单或多么复杂，它都是以必然转折为结果的，这是最底层的逻辑。

但人们无论是对大自然的认识，还是对市场的认识，都有一个由浅到深、由表入里的过程，没有人能在刚开始接触一个新事物时，就能认识到这个事物的内在本质。

人类对于自然规律的认识，已经由前辈们经过千百年的观察，在春夏秋冬的季节循环里，总结出了二十四节气，并编制成日历，供后人们在实际生活中指导着春播与秋收，其指导的宗旨就是在适当的时间做适当的事。

由于人类已经充分了解了大自然的季节循环规律，所以"在适当的时间做适当的事"，这个行为发生在我们平时的工作、生活中，非常地自然而然，但是把这个思路代入到市场里，我们会发现"在适当的时间做适当的事"，非常困难！

为什么？

因为绝大多数的投资者都不了解市场涨跌的"季节循环"，手头上更没有一本标注好"涨跌循环二十四节气"的市场"日历"。

　　毕竟，人类认识大自然已经经历了几千年，而投资者来到这个市场才经历了多少天，没经历过一轮涨跌的循环，哪能认识到上涨与下跌都由几个阶段组成，没经历过一轮牛熊的循环，又怎么能轻易认识到牛到底能涨多高，熊到底又有多漫长。

　　假如我们是现在这个时间才来到这个市场，以审视和学习的态度去翻看几千只股票的走势，就会发现一只股票的一个牛熊周期的循环，短则三五年，长则十几年，而只要经历过一轮循环的行情走势，在牛市结束后的熊市时间要长得多。

　　如果一个新人来到这个市场做投资做交易，以这种时间跨度去认识上涨与下跌，认识涨与跌如何转换、震荡与趋势如何转换，没有一个人能承受这种时间成本。

　　所以大多数人进入这个市场，首先肯定是找各种学习资料、找老手讨教投资经验，在学习了一定的理论知识后便会亲自进入市场体验。然而在实际交易的体验中，快乐与痛苦会交替出现，随着时间的延长痛苦会多于快乐，但快乐毕竟出现过，真实地出现过，通过交易体验到的快感，很难在交易之外的其他地方体验到，这是这个市场最独特的魔力。

　　笔者在还没有正式进入股市之前，曾多次进入证券公司去看看股市是个什么样子。那时的各大证券公司的交易大厅都挂着一面巨幅电子屏，开盘的时间里屏上不停地跳动着红红绿绿的数字。厅里经常是人满为患，好多人都是手里拿着一张证券类报纸，盘腿坐在地上，昂着头盯着跳动的电子屏，直到收盘后才慢慢散去。那时的感觉就是好多人都在买股票中赚到了钱。

　　可不是吗，等笔者正式开户入场时大盘仍处在上涨当中，在听人家的谈论中只知道好多股票都在涨，涨就能赚钱，所以进入市场后就开始买了。但那时不懂趋势，在不停地买进卖出中，大盘在2001年的夏天转入了四年的熊市，在忍受了两年下跌不能做空的时间后，笔者转入了期货市场。

不得不说，笔者对于转折区的认识是在期货的空头思维上建立起来的，因为股市的纯多头思维，当一只股票在经历一段时间的上涨之后转为下跌时，我们总是会用"调整"的思路来分析，虽然说"调整"就是下跌，"下跌"也就是调整，但毕竟这两者在周期的区分上根本不是一个级别的。

比如前文已经阐述过的日线级别的上涨，其对应的调整，最大周期是在小时级别，即小时级别的下跌是日线级别涨势的调整，这是"周期转换"概念中非常重要的一个定义，如果下跌大于了小时级别，就是跌势进入了日线级别，这样以最高价为界，左边的上涨与右边的下跌在周期关系上是同等级别的。

再比如前面举例的"国民技术"与"玻璃"期货，以最高价为界，左边都是日线级别的上涨，右边都是日线级别的下跌，这是"涨势与跌势"的关系，不是"涨势与调整"的关系，但如果分不清这个级别对应上的关系，就很容易在跌势中不断地找技术低位，进入所谓的逢低买入，一看到各种技术条件给出止跌的信号，就以为是调整结束了，但它实际上只是跌势中的反弹，结果越买越低，一旦套牢就不知套到哪年哪月了。

......

当一只股票的上涨在经历了主推动浪之后，行情将会在以下三种方式中选择一种：

第一种方式——最简单地直接跌回到起涨位置附近，这种走法证明的是刚刚经历的一波趋势性上涨就是纯粹的题材性炒作，并没有任何实质性的业绩预期来作支撑。这种图表基本没形态，没形态则没什么太多需要分析的，因为简单直接出结果。

第二种方式——按照百万图的逻辑，在主推动浪的第3框主推动段结束后，行情转入第4框的调整区，图表上的体现是比最高价左边涨势的周期定性小一个周期级别的下跌，既然是小了一个周期，则无论在幅度上还是时间上，对应主推动浪都不会太大，用主推动浪的时间周期看，我们其实也很难看出其中的细节，只有将周期转到更小级别，才能比较清晰地观察到，价格形态做了一个多头结构，通俗的说法可以叫它是向下的假突破，或是一个下跌的③浪 3 然后价格再收上去，这都可以称为"调整"。

如果读者朋友此时已经能够比较充分地掌握百万图了，尤其是第 3 框与第 4 框第一部分，在衔接转换时盘口特征体现出来的逻辑关系，基本就可以判断出主推动浪在第 3 框主推动段的时间内，并没有炒透题材的想象空间。

第三种方式——即是本节按百万图的顺序来到了第 5 框的转折区，当主推动段结束后，没有直接跳水式下跌，也没有在做出一个"完整"的调整形态后即延续上涨，而是在完整的标准达到后继续调整，从而调整形态在幅度上或时间上，或两者皆明显超过了"完整"的标准。

但问题在于，它的形态本身很像调整（完继续涨），同时调整形态的整体价格区间仍处在"主推动浪"的高位部分，或者换一种说法，调整时的整体价格波动位置仍处"前面一波上涨"的高位部分。

由于纯多头的思维惯性，很容易因为前面一波上涨而建立起对趋势的信心，已经在不经意中塑造了趋势的信仰，或许已经错过了前面一波，心里想着不能再错过下一波。

在这种思维模式下，很难主动去分析这种形态是不是下跌前的诱多行为。当然，诱多这个概念在股市里并不普及，因为股市的主力不会去发动一波下跌趋势来赚钱，投资者在股票上的操作最多也就是逢高离场，从来不会去分析哪只股票会不会因为涨高了而存在了做空的机会。

转折区出现的形态特征，从结果来看是必然要进一步下跌的，所以转折区的本质是，在调整形态完成后不会继续上涨。在行情由上涨转入震荡时，投资者的主观心理认为震荡结束后会继续上涨，但市场的客观情况是震荡会持续下去，并进一步转入价格越来越低的震荡下跌，或形成流畅下跌的跌势。

所以转折区的形态特征是什么？

一句话概括就是调整的形态完成了，但不会真的涨，最终的结果是跌下去或继续调整，而从"市场是有效的"角度来理解，如果趋势是有效的，则调整一定也是有效的，"继续调整"如果一直"继续"下去，这样的调整将会使市场变得无效，反过来推理假如"无效"不会发生，市场（行情）一定会在本周期内转势，转势形成的趋势便是"市场是有效的"结果。

这一段文字描述有点绕，我们来简化一下思路：前面已经有一段上涨，假设你认为这段上涨是个涨势，现在涨势已由某个高点开始转入调整了——没有直接跌下去便一定会有调整的形态出现，我们来观察这个调整它到底有什么特征，先来看一个"IF股指"期货的案例。股指期货可以很好地预期上证指数后市的走向。

图2-24是沪深300股指期货（IF300）2020年10月至2021年6月初的日线走势，2021年春节后的第一个交易日（2月18日）跳空高开，开盘后基本没有留出上影线，开盘价成为最高价，一路下跌，满打满算跌了一个月，才在下方的一个单边上涨的起步处止跌了，这算是技术位的有效支撑，而后转为一个类似筑底的盘整形态，最后终于在5月份好像是真的重新开始涨起来了。

如果是一直关心股市的朋友，对那一段行情应该会有记忆的，大盘已经从2020年春节后的疫情底开始涨了一年了，一年的时间都在不断地向上涨，几乎可以把所有人都培养出坚定的多头思维。所以在2021年开年后虽然下跌了一个月的时间，但毕竟也在技术位置获得了有效的支撑，况且当时也确实以大阳线向上突破盘整区的形态展现出来，这种盘面很容易让人们对未来再次充满美好的想象。

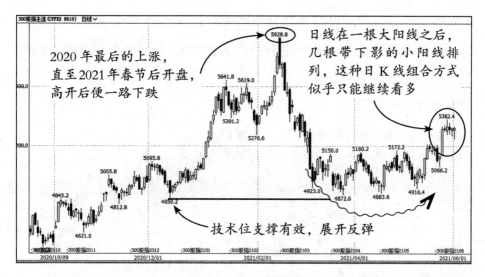

图 2-24 沪深 300 股指期货 2020 年 10 月至 2021 年 6 月 日线

如图 2-24 最后圆圈处日 K 线的排列组合，一根大阳线之后是排列着几个带下影线的小阳线，最关键的是收盘价基本上都收在大阳线的最高价附近，单看这种 K 线组合似乎没理由不继续看多。

但是战·体系告诉正在阅读到此处的朋友，盘面上至少有两种方法可以看出来，这里已经不能再继续看多了，即使不敢得出后市一整年都看跌的结论，但当前的形态已表明，此处暂时是涨不上去了。

先转到小周期 30 分钟图表，可以看清楚日线的圆圈处的 K 线排列有什么讲究，如图 2-25。

30 分钟图表最低点 4917.2，在日线图表显示的是 4916.4，这两个点其实是同一个地方，很多软件都有这个问题，日线显示的高点或低点换到其他周期显示就变成另一个数字，我们知道这种情况只是软件问题就好，不必深究。

30 分钟图表从最低点到最高点 5382，用了一条较粗的虚线箭头向上，表示这确实是一波上涨，这一点应该都不会有异议，假设我们将这一波上涨当作一波还没有真正涨完的趋势，则趋势在 5382 处开始了调整，我们用百万图的逻辑思路来分析这里，假设这里的调整是第

4 框的调整，则至少可以预期调整结束后创新高过 5382 是没问题的，这个预期从幅度上讲也并不过分，因为在 5382 的高点形成之前，的确是个单边上涨，它也至少符合百万图第 3 框的主推动段特征。

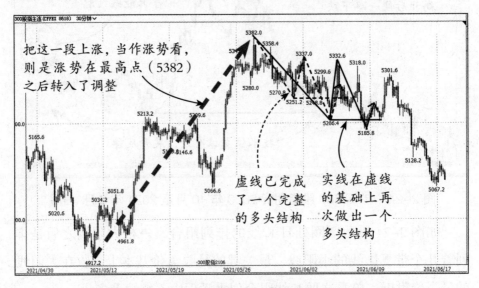

图 2-25　图 2-24 最后一段的细节显示　30 分钟

逻辑有了，就可以观察这个调整是怎样表现的了。在 5382 的右边随着调整的展开，首先调出了一个多头结构，图中用虚线标示出来了，这是一个完整的调整形态，那么根据百万图第 4 框的逻辑，在这个结构之后就应该创新高了，方式上可以快速创新高，也可以震荡式创新高，这两种方式都可以。

但是在虚线标示的多头结构完整后，价格并没有创新高，而是涨了一段后便又再分为两次下跌，跌破了虚线标示的多头结构的最低点，并没有跌很深，很快便又收上来了，这样，在形态上又做出一个实线标示的多头结构。

如此这般，一个虚线的和一个实线的两个多头结构重叠在一起了，虚线的多头结构重叠在实线多头结构的第一笔下跌当中，这种形态在战·体系叫作重叠结构，是总共六种结构当中的一种。这种结构的组合是一种看空形态，在股票上是一种相对高位的出场信号，在期货上则直接就是看空信号，可以准备做空了。

它的原理就是"结构完成即是调整结束"，逻辑上表达为假设涨势是对的，涨势途中可以有调整，但调整完成了便要继续涨并且要创新高，如果调整完成了但不创新高，反过来推导一定是涨势本身有问题了，这个问题就是涨势本身可能在前面的高点就已经结束了。

对的，只有涨势已经结束了，才会在调整形态完成后不再继续上涨，一个多头结构代表一个周期内的调整已经完成，两个多头结构是完全不需要的，因为在"有效的市场"里同一个技术假定是不需要说第二次的，两个重叠在一起的多头结构表达出的意思，就是在同一个位置，表达了两次同样的技术信号：我调整完成了。

把这个概念引用到我们平时的工作生活中，类似于在一个单位里，领导吩咐手下的员工去做一件事，如果这个领导是够权威的，理论上说一次就可以了，只要话说明白了手下的员工就会按照领导的指示去把事情办好，这叫作"领导是有效的"，类比"市场是有效的"。

但如果领导吩咐手下的员工去办一件事，竟然要喊两遍，我们完全可以认为，要么是员工不行，要么是领导不行，或许在我们平时的工作生活中确实有很多事情最后不了了之了，但"有效的市场"永远不会发生这样的事，在一个周期的定义内，调整完成的技术信号一旦表达明白，就必须开始重新上涨，明白地表达完却不去真涨，一定是涨势本身有问题。

再比如我们平时生活中可能会遇到的一个情景，某人甲说要请某人乙吃饭，说好了周五晚上六点在某饭店，到了约定的时间某人乙心情舒畅地到了说好的地点，结果某人甲却没出现，某人乙最终只能心情不舒服地离去，过了几天后某人甲又找某人乙，说上周不好意思，这周六同样的地方再请你吃饭。

这样的事如果换作你，这周六你还会去吗？

你会说这个某人甲是没有信用的，你不会再去了，因为某人甲的信用有问题，你如果去了那就是自己的脑子有问题了。

这种事情在生活中我们可以很容易地看出来问题在哪里，只是来到市场里，我们需要认识"调整完成"在形态上是怎样表达出来的，当我们能够在形态上很清晰地辨认出市场已在某时说过"调整完成"了，但它却并没有在涨上去的情况下，在原来的位置又说了一遍"调整完成"了。

这样投资者在分析盘面的时候，就可以轻易地分析出：趋势在这个位置不讲信用了。

即假设前面一波的上涨是个涨势，假设这个涨势没结束，虽然在上涨的途中可以出现调整，但"趋势"在调整的时候、在同一个位置，说了两次：我调整完成了。

作为一个投资者我们可以问趋势：你为什么一句相同的话要说两次，你第一次说调整完成为什么没有继续涨，你还讲不讲信用，你究竟想干什么呢？

只要你认真地问了，"趋势"就会告诉你：我为什么调整完成了却不再继续上涨，根本的原因是在这一个周期的定义内，我在前面的高点处就已经涨完了，我相同的话说了两遍，本意是指我涨完了，但很多投资者却误认为我在这里是给了他们第二次的进场机会，我也很无奈。

交易，来源于生活。

交易的指导思想来源于生活的常识，再来看一个商品期货"PTA"的案例。如图2-26，PTA从2020年年尾见底后，几乎是以直接进入主推动浪的方式开始了日线级别的上涨趋势，当主推动段结束经调整后，又开始了延续性上涨，直到2021年10月份才真正阶段性见顶，开始了一轮中级调整。在图2-26的最后阶段，单看日线图的态势，按大众通常意义上的理解是看起来又突破了，并且也是突破后以横盘的方式作日K线的组合排列，一眼看上去的感觉似是蓄势待发。

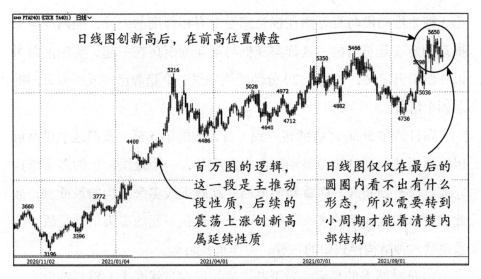

図 2-26　PTA 在 2020 年见底后展开的涨势 2201 合约　日线

所以凡是看到这种 K 线组合方式，从分析的角度都需要转到该周期的下级小周期去看细节，日线的下级周期可以在分钟或小时的任何周期里找一个最合适的，以能看清楚为准，于是在切换中选定了 30 分钟周期，如图 2-27。

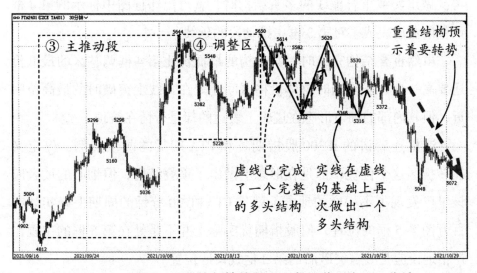

图 2-27　图 2-26 日线行情的最后一段细节形态　30 分钟

在这个周期里，以最高点 5650 为界（这个点也是上面日线图的最高点），左边的第 4 框调整区完全符合百万图的特征定义，更左边的第3框主推动段与百万图在视觉感受上有相似度的差异，但两段向上推动的定义是符合的，这样第3框与第4框衔接在一起，实际上是可以在逻辑上定义，在这个30分钟的周期里一个趋势已完成了百万图的前四个阶段。

则自然在5650之后就转入到了百万图的第5框，按照这个思路可以很清晰地看到日线图显示不出来的细节，一个虚线标示的多头结构完成后没有创新高，即重新向下刚好跌破虚线多头结构的最低点，如此又做出实线标示的多头结构，两个重合在一起的多头结构是战·体系总共六种结构模式中的一种，叫作重叠结构。

30分钟图表的最后一段下跌，这一段在日线图表上没显示出来，表面的技术上是重叠结构预示的结果，内在的本质上是百万图分框逻辑的结果，而在周期循环的规律上讲却是因果关系的相互印证。

如果掌握了百万图的分框逻辑，我们在分析盘面的时候，就能很容易看出来虚线标示的多头结构已表达了调整已完成的技术要素，而再次做出实线重合虚线的多头结构时，就可以印证图中标示的第4框调整区业已完成了对第3框主推动段的延续。

虽然重叠结构完成时，其结构的最低价比第4框调整区的最低价还要高一些，虽然当时整体价格区间还处在日线上突破时的最高位附近，但其内部的细节形态在逻辑上表达的却是行情在筑顶。

这里连着讲的IF300股指期货和PTA期货的两个案例，先定义在转折区这个位置，都是在形态上做出了重叠结构，但细心的读者应该早已发现了不一样的地方，就是PTA在30分钟的周期上确实处在百万图第5框的位置，但股指期货实际上并不是处在第5框的位置，严格地说应是处在突破后的第2框气口区位置。

即有着相同特征的形态，出现在不同的位置，仍能引致相同的结果，都是在形态完成后掉头下跌。

这又说明了一个什么问题？

　　这个问题其实也很简单，就是：不是每一个涨起来的行情，都能最终完成一个走完全部过程的完整趋势。

　　理论上，转折可以在趋势的任何一个位置发生，转折如果提前发生就是趋势提前结束，在一个周期的定义内，转折发生在趋势的哪个位置就是趋势在那个位置已结束。这正如不是每一个有机生命体都可以圆满地寿终正寝。

　　纵观历史，半道而逝的文明远远多于存续的文明，翻翻 A 股的几千只股票，"趋势"在投资者的眼中，走着走着就转折掉头而下的结果，远远多于能走完趋势完整过程的结果。

　　从投资者的角度，能够遇到趋势是一种幸运，能够看懂趋势却是一种能力，趋势的发展确有其内在规律可循，规律不以人的主观意志而改变，当然也就不以所谓的主力的意志而改变，因此行情的发展在其所处的阶段一定会体现出特定的规则，我们若能懂规则便可识其破绽，一波趋势在百万图分框的几个阶段里，每个阶段都有其特定的规则，并以特定的形态特征体现出来，即形态特征的表现同样可以反过来验证规则的逻辑正确与否。

　　按百万图论述的，标准且完整的一波趋势，在第 4 框结束后只要没有直接跳水式下跌，都会在盘面呈现出看起来像调整特征的形态，由于在价格没跌下来之前，其整体的价格区间仍处在前面涨势末端的高位部分，而如果在看盘时的思维仍停留在"趋势仍在"里，就容易买在高位被套。

　　重叠结构，是一种形态定义，本质上仍属于技术分析的范畴，这种形态出现在趋势的某个阶段，可以理解为趋势在发展过程中出现了破绽，有了破绽便要解决破绽。

　　把趋势的发展比作一个生命体的发展，即是生命体的健康是生命体能否完整走完生命全过程的重要保证，如果健康出现了问题就视同于在规则上出现了破绽。

就像我们出现了发烧咳嗽或其他方面等症状，就是健康出现了破绽，这样的破绽在人们日常生活中会经常出现，当然这比起看盘来，我们很容易就能看出健康出破绽了，这时应该怎么办？

需要解决这个在健康上出现的破绽，可以通过打针吃药住院等技术手段来解决，解决了便又可以愉快地玩耍了。

重叠结构的这种方式，是一种有形态、有表达且有逻辑的，对于"趋势仍在"的破绽，但这种方式仍是缺少了空头思维的股民朋友难以快速辨认出来的。

还有另一种方式，即如前面图2-19"国民技术"的案例，它没有在本身形态上直接表达破绽，只是最后委婉地表达了那个多头结构实在太大了，无论在时间上还是面积上，都远超过了百万图第4框在规则上限定的"完整"的标准，而见顶之后的走法主要在于百万图的分框逻辑。

心中有框，交易不慌。

这五框理论是笔者继《战·期货》一书后，进一步对市场深入观察，通过数万张画图作业的归纳提炼，通过不断深入细节后发现金融市场的原理本质与其他领域是一样的，从春夏秋冬的循环是大自然的规律我们可以推导认为天体的运行有一套模型，只是这个模型太过庞大，人类终其脑力无法窥得全貌，但我们至少已经探明了我们所生活的这颗蓝色星球是在一个特定的模式中呈规律性地运行，并且这个规律已被我们所掌握。

在这个规律的框定下，我们完全可以通过各种方法轻易地知道我们身处何时何地，所以当我们掌握了趋势的模型，当我们熟知了一波完整的趋势在每个阶段具有什么具体形态特征后，我们可以很轻易地辨识出框与框之间的衔接有没有按照规则来，如果在形态上出现了不合乎规则的特征，则在其逻辑上便可以推导出市场下一步将多出什么样的可能性。

所以若能心中有框，我们可以做到进场不用慌，持仓不用慌，出场当然也不用慌。

一在逻辑，二在规则，三在形态特征。

第三章　技术分析的尽头

生命，是为了适应外在关系对内在关系的不断调整，生命的完整性取决于内在关系与外在关系的一致性程度，如果该一致性完美无瑕，那么生命便完美无瑕。

百万图→复合结构→百万图

在一个周期定义内的涨势结束之后，市场（行情）会转入涨跌循环的下跌周期中，下跌就是调整，调整也是下跌，关键在于区分好周期级别。

第二章的末尾讲到，在下跌周期里有一种行情状态，是比完整的调整复杂更多的调整状态，最后会以复合结构的形式展现出来，而这个结构一旦完成，就代表着一个新的上涨周期又要开始了，它可能是一个涨势的开始，也可能是一个牛市的开始。

把百万图的五个框完整地梳理一遍后，我们再看几只战·体系同学们操作过的股票，来更多地感受一下战·体系对于市场涨跌周期循环的理解，以及在上涨与下跌的过程中，如何准确地解读形态规则，及时地把握其价格运行的节奏。

先以前面已经讲过的"鼎胜新材"为例。这只股票从 2021 年 10 元多通过两波上涨在 2022 年达到了最高价 73 元，第一波从 10.52 元涨到了 50.59 元，然后经过半年时间的调整，价格回落到 22.98 元，再以这个价格用三个月的时间涨到了 73 元，这个循环就是：百万图→复合结构→百万图。

详细一些的分解描述为：日线级别的涨势走完百万图完整上涨的四个框→小时级别第二次进入跌势再收上来完成日线复杂调整的复合结构→日线级别的涨势走完百万图的三个框。然后再度转折向下循环到下跌周期。见图 3-1。

图里的第一个百万图直接参照图 2-10 就可以了，只是底部盘整区因为构图原因没显示出来，从第一个百万图第 4 框结束的位置 50.59 元开始，这是一个周期定义内上涨趋势结束的地方，同样也是另一个周期内下跌开始的地方。

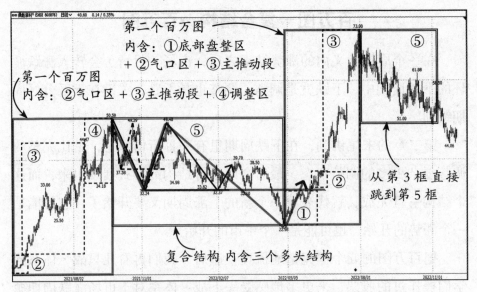

图 3-1　鼎胜新材　日线的两波趋势中间过渡的是复合结构

从这个地方开始已经进入了实质上的下跌周期，只是当跌势没有最后真正显示出来的时候，也许仍有很多人认为这是涨势中的调整，直到如图 3-2 下方标示的向下突破真正发生之后，才不得不承认行情确实转势了。

当然，从最后的结果来看它确实仍然是调整，但是，以复合结构结束的调整和以单结构完成的调整，在周期关系上不是一个量级。

如图 3-1，从第二个大框开始看，下跌周期刚开始时是一个用虚线标示的多头结构，这是一个调整的形态，投资者如果在思维上仍停留在前面的涨势中，当价格再次涨到前高点附近时一定会认为自己的判断是对的，但是价格在高位停留几天后突然来一个一字跌停板，这时脑子里肯定会有点懵。这一天是 2021 年 12 月 6 日星期一，第二天周二开盘又是以跌停板开盘,开盘后稍弹一下,十分钟后又封上跌停板,之后在上午 10 点又开次板，然后全天封板。

两个跌停板着实能让人蒙上加蒙，而且这两个板的方式与一个月前的、第一个虚线标示多头结构内的两个跌停基本一致。

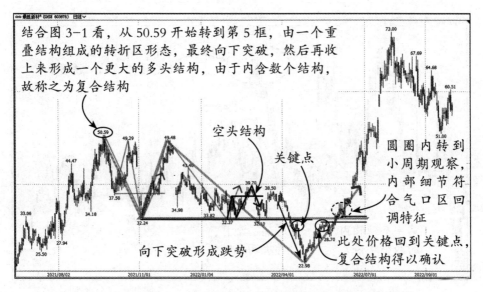

图 3-2 鼎胜新材 复合结构内部隐藏着空头结构和关键点

在画了结构的图里，由于画线重合 K 线的原因，不太能看清楚这两处的两个跌停的情况，所以这里的细节见图 3-3。

只是面对这样的跌停板，笔者不禁想问上一句：

你能分得清这是（利空）消息的力量，还是周期循环的力量吗？

这一前一后的二连板，先说前面的，假设确实是因为突发的利空消息，但随后的价格又重新涨到前高点附近时，是不是可以认为利空已被消化，而在前高点附近停留几天，是不是又可以理解成为继续创新高而蓄势？

这是纯粹的单方向多头思维，如果思维里存在着世间万物皆有一体两面，则看盘时是不是可以假设一下，如果后市看空，这如何理解？

那其实也很简单，对着盘面问一句：你既然已消化了利空，你本可以一鼓作气涨过去，为何要停留几天，你是不是想诱多？

是"蓄势"，还是"诱多"，原来并不在于形态的本身，而是在于后市的方向最终向上还是向下。

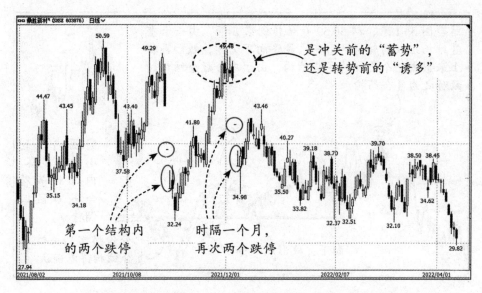

图 3-3　鼎胜新材　复合结构内部的两处各两个跌停

如果对百万图的分框逻辑比较熟练，同时亦具备"多与空"的两个思路，想到这一步应该不难。

而后面的二连板，本质上也属于合理路径内的价格位置，只是用一字跌停再跌停这种方式来表现，稍显暴力。

所以，（突发的）利多或利空是真实存在的，它确实可以影响到当下短期的价格变动，但它并不能成为决定后市方向的主要因素，所以不足以成为主要矛盾。

因为一前一后的两个连板，虽然以相同的方式出现，却走出了不同的结果，前一个连板之后能再次涨到前高点附近，后一个连板却反弹之后最终跌下来，这里面一定有更大的力量在主导着一前一后两个连板各自之后的路径，这就是市场自身涨跌循环周期的力量。

事物的发展存在着主要矛盾和次要矛盾，在哪个阶段体现哪种矛盾，作为投资者的我们一定要区分清楚。

再回到图 3-1，在后面的二连板之后震荡式地先反弹再下跌，当价格再次跌到第一个多头结构的低点处，再勾上来，这时形态又做出一个用实线标示的多头结构，这两个结构的高低点基本重合在一起，到这里形成的是重叠结构，这种形态特征是后市转空的信号。

在重叠结构形成的这一段时间，整体价格还是处在百万图的第 5 框，这是定义为百万图转折区的位置，直到后面的价格进一步以向下突破的形式跌到重叠结构低点之下，跌下去并有了一定的幅度，重叠结构的转空预期就兑现了。

时间再往后走，当价格再次勾上来，内含三个单独多头结构的复合结构就可以认定完成了，而复合结构的最低点就是调整的结束点，这个结束点同时又是第二个百万图的起点。

从这个起点开始向上看，图中框出第二个百万图的第 1 框底部盘整区，紧接着是第 2 框气口区、第 3 框主推动段，分别以数字序号标示在框内。

这一段行情从 22.98 元涨到了 73 元，上涨的比例幅度因基数不同比不上前面一波，但绝对价格的涨幅超过了前面一波，然后直接在主推动段见顶，省略第 4 框直接跳转到第 5 框。

从图表上看起来这第二个百万图的上涨速度似是太快，有一种发现时已经太晚的感觉，因为底部盘整区与气口区，从形态上看都没有给人充分的思考时间，追涨买入是需要勇气的，不追单却也不能从主观角度希望它给个回调进场的机会。

为什么？

因为价格如果已经到了主推动段，回调虽然在概率上会有，但位置已决定回调的速度也必须快，回调的幅度也必然小，这是由主推动段的位置规则决定的，仍然不会给人在动态盘中有太多的思考时间。

假如要是真给了时间充分且形态标准的回调，反而倒是不能再买了，因为这种情况一旦发生，即代表趋势在那个位置出现了破绽，每个位置都有各自特定的规则，图表的形态特征是规则的外在表现，特征不对即为破绽，破绽一旦出现，要么用更深的回调来修复，要么就是趋势将在破绽出现后提前结束。

那么，这个第二个百万图的行情能把握到吗？

当然是可以的，这就是战·体系对市场循环周期论述中最核心的、有别于传统意义上的、对一波趋势几个阶段划分的重要意义。

把握第二个百万图的上涨行情

百万图对一波完整的趋势以阶段任务的不同进行分框，分框不是目的，是结果，是任何事物发展都逃不开的周期循环的结果，是每个周期都会由不同阶段组成的结果。

正如大自然年复一年的循环里分为四个季节，四个季节里又包含了二十四节气，季节与节气的划分不是目的，是大自然春夏秋冬周期循环规律的结果。

一波行情在各个阶段都会有其区别于其他阶段的特征，可以从表面的特征入手，以判断当时的盘面是处在趋势发展的哪个阶段，如果判断是正确的，则可正确地预期下一个阶段的行情将怎样发展。

作为一个投资者，想在这个市场的涨跌循环里取得比较好的回报，从单方向纯多头的股市来讲，必须在主推动段还没出现之前，做出至少两个正确的判断，一是对气口区盘面特征的判断，二是对底部盘整区的判断。

气口区的做气行为，在大多数情况下就是横盘状态被突破后的回调，或是叫回踩，但问题是这种通常意义下的横盘要符乎人们心中那种形态，然后突破才叫突破，回调才叫回踩。

而图 3-1 里的第二波上涨，其底部显然是不符合大多数人心中的形态标准的，真实的视觉感受就是直接 V 型反转，底部不敢做、气口区没反应过来，等主推动段显示出来时已经到了第一个百万图的高点，虽然说后面仍有一段上涨，但实际情况是即使操作也不一定能有满意的结果，因为这时最主要的是心态可能不稳。

所以，这才是战·体系有别于传统方法笼统地讲顺势而为、高抛低吸，给趋势的几个阶段分框的意义。

气口区是处于一波趋势的第二个阶段，气口区从大的讲只有两种情况，一是直接涨过去进入主推动段，这种情况没有给投资者通常意义上的突破后回踩买入的机会。

二是有回调，只要有回调，就意味着有机会，这时需要集中注意力观察盘面，看形态特征符不符合前面在"气口区"描述的规则特征。

但是鼎胜新材这个案例在第二个百万图里，如果仅凭本书前两章对一波趋势几个阶段的论述，可能仍然会在"气口区"这个位置反应不过来，毕竟在复合结构的最低点转为上涨时，其涨法确实符合 V 型反转的特征，起涨速度太快一不小心就容易错过。

因此需要对"底部盘整区"有更深的认识，在波浪理论对市场的趋势定性里，从某个最低点开始涨起来的第一波，叫作第 1 浪，然后有个第 2 浪的回调，回调结束后再次向上涨，当价格超过第 1 浪后并有一定的幅度可以确认为第 3 浪。

在这样的描述里，每个浪里面没有内部细节形态，第 3 浪的行情如果真的涨起来了就可以叫作趋势了，所以没涨起来之前都只能叫震荡或横盘，属于盘整的概念。换句话说就是，只有第 3 浪的价格在高过第 1 浪高点之后才能称之为趋势，所以第 3 浪的价格在第 1 浪高点以下部分的，都是属于底部盘整区的范围。

那么在趋势形成之后回头去看底部盘整区，不管盘整区内部是复杂的还是简单的，都是第 1 浪起涨和第 2 浪回调，然后第 3 浪正式向上涨，这就是底部盘整区最简练且正确的描述。

所以，对第二个百万图行情的把握，不能在价格到了"气口区"才开始意识聚焦，因为到了这个时候你才看到它，虽然比价格已然到主推动段才看到它的人足足早了一个框，相当于在季节周期里早了一个节气，但仍然说明你没有意识到更下方是属于"底部盘整区"，而底部盘整区的左边的"复合结构"已然完成了，这代表的是行情在涨跌循环里刚刚经历了一个完整的下跌周期。

根据【公理一】，跌完了一定会涨，下跌周期的结束，即是上涨周期的开始。

复合结构，是一个比正常意义上完整调整更复杂的调整，它既是一个调整，也是一个下跌，是具有着跌势属性的调整。

再看图3-2，画线部分重点观察从复合结构开始到确认结束的部分，一个周期的开始是以上一个周期结束为同一时间点的，一个完整的趋势以百万图的第4框为结束点，如果不是直接跳水式下跌，则进入"转折区"。

一个虚线标示的多头结构完成后，随着时间推移价格的演变，被一个实线的、更大的多头结构重合在内部，这时形成的是重叠结构，此时价格形态仍处在转折区的范围内，时间再向后推移，价格继续向下有效跌破了虚、实两个多头结构共同的低点，这时图表是以突破的形式表明趋势确实转空了。

注意图中在重叠结构形成之前和复合结构形成之后，这中间有一个空头结构（与多头结构的方向正好颠倒过来），空头结构本身表示的是下跌中的反弹，是反弹结束的形态，而这个形态的出现，正是重叠结构代表着转空而预示出来的技术形态。

在向下突破发生之后，在图中标示了一个"关键点"，这是四大类关键点中的方向性关键点，价格在关键点的位置向下跌了一段，然后价格再次涨回到关键点的位置，这就是代表着复合结构可以确认完成了，同样也是表示行情刚刚经历了一个涨跌循环的下跌周期，而下跌周期已经结束，同步表示上涨周期已经开始。

最最重要的时刻，来临了！

……

此时，我们的脑子里第一个该想到的是什么？

是的，脑子里面浮现出来的是——市场的百万图。

如果我们能相信市场一直在循环着"涨完了跌、跌完了涨"这个公理，我们完全不应该在价格到了"气口区"才反应过来，更不应该在行情进入"主推动段"了，趋势已被市场所有人都看到的时候才反应过来。

战·体系有一位老同学曾经发出过这样的感慨：刚开始对"涨完了跌、跌完了涨"这句话一点儿感觉都没有，但是随着学习的越来越深入，就越理解这句话绝不是一句废话。

得道了，方能领悟大道至简。

对于这个案例第二个百万图的把握，需要更多的对复合结构的理解，图 3-2 的这个复合结构在形态上算是比较标准的，因为它向下突破时的突破线非常清晰，清晰是因为突破线是唯一的，这种形态的"关键点"就非常好定。

关键点——交易的命门

在战·体系的整个框架里，关键点被定义为"交易的命门"，是趋势与转势的命门，在任何一个周期里，无论形态在表面看起来是多么简单或多么复杂，只要是以趋势的概念来分析图表，则一定存在着至少一个关键点。

如果能准确定位这个关键点，则如利弗莫尔在《股票大作手回忆录》里说的那样：当一个投机者能确定价格的关键点，并能解释它在那个点位上的表现时，他从一开始就胜券在握了。

打个比喻，关键点的功能类似于一场战争里的指挥部。我们看过的战争题材的影视剧中，不管是古时的冷兵器战争，还是当代的热兵器战争抑或是信息战，战争一旦开始，总会在战场的后方设立一个总指挥部，这是这场战争的第一个关键点。

指挥部一定会在开战前设立好，然后才会有战线的拉开，指挥部里的指挥工作如果在有条不紊地进行着,说明前方的战争仍在进行着,如果战士们在接到奔赴前线的命令,刚刚往前方冲了一段路,突然指挥部被袭击了,很显然这个仗不用再打了。

我们可以首先确定第一点,战争如果真的要发动,一定会设立指挥部,第二点指挥部的设立,一定是以隐秘性为宗旨,绝不可能告诉敌人自己的指挥部设立在哪里,但具体的位置则一定是限定在整个战场的后方,是整个战局的起步位置。

把这个思路代入到市场里,就是趋势如果真的要发动起来,一定会有关键点,并且是在趋势还没有真正展现出来时就会出现,但关键点不会告诉市场的交易者自己在哪里,与指挥部同理,它的位置一定是限定在整个趋势的起步位置。

总指挥部是整场战争的第一个关键点,随着时间的推移、战线的拉长、战果的扩大,还会在其他战区设立新的下级指挥部。

如图3-2,关键点的位置就在向下突破不久就有了(这是第一个关键点,因为战线并没真正拉长,所以并没有出现新的关键点),然后价格开始向下方展开趋势。关键点如果一直稳稳地不被反向的价格触碰,就如指挥部一直保持着安全状态,指挥部安全则战争仍在继续、战线仍可拉长,关键点安全则趋势仍在继续,趋势仍可延长。

但关键点如果被袭击了,则意味着趋势可能会提前结束了,图3-2的复合结构以比较标准的转势形态展现出来,所以它是具备了趋势的属性的,如果在"关键点"之后价格持续下跌,那就会发展成为真正的跌势了。

只是实际的情况是,在关键点确立之后,价格没跌太远便又涨回到关键点的"价格位置"的附近,这种情况说明趋势很可能会提前结束,最终说明的是比正常情况下完整的调整更复杂的调整结束了。

最终它是一个调整的性质,调整就是下跌,下跌也是调整,主要在于调整的复杂程度和级别不一样。

如图 3-2 里显示的在关键点的地方画了个小圈圈，同样的价格位置在右边也画了个小圈圈，当价格重新涨回那个位置时，已可以说明内含趋势属性的复合结构完成了，复合结构的完成就是一个周期的结束，在这里即是涨跌循环中一个下跌周期的结束。

如果一个投资者能切实理解：市场的本质就是涨与跌的周期循环，而以结构体现出来的形态最终也只是调整，几个结构重合在一起的复合结构亦只是复杂度较高的调整，在复合结构里面隐含的关键点说明的是这个复杂的调整是具备了趋势的属性，这个趋势一旦被证明提前结束了，最终指向的是一个下跌周期的结束。

那么，这里就是一个新的上涨周期的开始，这时，在我们脑子里要立刻浮现出一个画面——上涨的百万图！

如图 3-2 所示，当价格从复合结构的最低点涨回到关键点价格位置后，做了一个小小的回调，那个回调的低点便是属于"底部盘整区"的进场位置，随后很快价格再次向上，在属于"气口区"定性的位置，做了气口区的回调，以一个单独的百万图的角度，这里是一波趋势在主推动段开始之前的标准进场位置，但是从周期循环、复合结构的角度，这里是第二个进场位，是加仓位。

如果能在这两个位置都有相应的操作，则原本的一波趋势，却能把仓位做成原先的两倍，要知道大 A 股虽然是几乎每天都有很多涨停板出现，但绝大部分都不具备持续性，而在日线级别上能起一波真正的趋势，需要天时地利人和的共振，这种机会一旦错过，下一次就不知道等到何时了，因此要珍惜，需要加倍珍惜。

机会，来自于复合结构。

稍稍做个小结，这一章的内容主要是论述市场的复合结构，鼎胜新材这个案例从形态上看，是属于相对比较标准的，当这个复合结构完成后转入上涨周期的百万图模式，虽然第二个百万图比起前两章举过的案例，显得不太标准，尤其是底部盘整区和气口区的调整形态相对简单，也显得速度太快，但毕竟还是有进场的技术标准的。

实际上也有一些股票在进入第二个百万图的行情时，根本不给底部盘整区与气口区的技术回调，直接一鼓作气拉到主推动段，当然主推动段也是分为加速段和缓速段两部分，在这两部分的中间也会有一次小级别的回调，只是价格以陡峭的角度在这个位置稍做停留时，敢不敢进场，以及能不能把握到精准点位又是另外一回事了。

所以对于相当一部分个股在展开第二个百万图行情时，不能被动等待底部盘整区是一个合乎大众视觉感受的横盘状态，来一个放量大阳线的突破，然后再给一个大众意义上的回踩买入机会。

我们需要对复合结构做更深入的认识，它代表的是一个周期的结束，亦同时代表着另一个周期的开始，而它最终是调整性质的时候，代表的是前一个百万图很可能是没涨完的，所以在完成以复合结构为形态特征的调整结束后，进入第二个百万图的上涨更加直截了当。

在 2022 年的 4 月底，与鼎胜新材同属锂电池概念的还有一只股票天齐锂业，同时以复合结构的形态调整结束，同一天开始了一个新的上涨周期。当然，主要是因为大盘在 4 月 27 日阶段性见底，这一天几乎所有股票都在涨，但涨与涨并不一样，能不能真正走出一波周期性趋势，仍取决于具体个股是不是自身具备了调整周期的结束形态特征，同时这个调整周期是否也内含了（下跌）趋势的属性。

如图 3-4，天齐锂业这个复合结构与鼎胜新材相比，仅仅从形态上比较显然是不太标准的，正如我们身边的大多数人身材都是不标准的，但不标准本身就是市场的常态，标准也好不标准也罢，都是表象，我们要看的是本质。

这样的复合结构一结束就直接单边拉涨进入上涨的主推动段，在复合结构形成的过程中，没有像鼎胜新材那样标准的突破线，也没有突破后明显的关键点，最后似乎只能看出来一直在震荡下跌，直到最后一段价格明显低于了前两个内部小结构的低点之后，才有了明显的加速下跌。

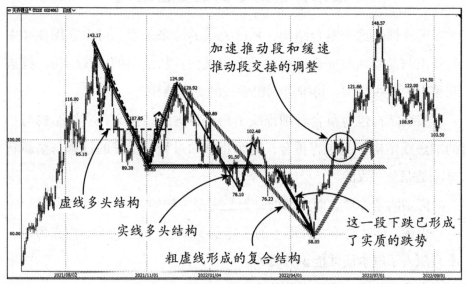

图 3-4 天齐锂业 这样的复合结构如何把握

这一段可以视为是进入了实质性的下跌趋势，但加速下跌戛然而止，反过来就是快速拉升，完全省略了底部盘整区和气口区。从已经走完的结果倒回头去看，唯一能找到的机会，就是中间的那次属于主推段内，加速推动段和缓速推动段中间的那次调整，是大多数人可以认可的低吸机会，其他的地方基本都属于追涨，追涨就无所谓追在哪个位置了。

如果这一次的机会仍然在犹豫中错过了，再向后面推迟一次，极大可能是即使做了也难赚到钱，因为脑子里存在了低吸的理念，在紧接着继续上涨后的一次调整，会因为短期涨幅巨大而不敢再参与，即使参与也不一定能正好拿到最高位置及时离场，等掉头下来时利润基本所剩无几。

那到底有没有可能在复合结构完成时的位置附近进场？

当然是可以的，战·体系不仅一直对周期循环孜孜不倦，更对进场位置有着超越大众的追求。

技术分析的尽头是复合结构

天齐锂业这个复合结构，从已完成的结果来看，可以在图3-4中勾画出与鼎新新材完全一样的三个单结构，从最小的虚线结构，推进到稍大的实线结构，再推进到粗虚线的更大结构。

实线结构包容重合着细虚线结构，粗虚线结构又将实线结构与小的细虚线结构一起包容重合，这个正推的过程与反推的过程与鼎新新材、是完全一致的。

区别的是外形，而内部的骨架是完全一样的。

也许，难就是难在外形上的不完全一样吧，外形为术，内在为道，唯有深入了解本质才能识其真相。

本质是什么，真相又是什么？

本质，仍是市场一直在涨与跌的周期里循环。

真相，是复合结构是个跌不下去的百万图。

"涨完了跌，跌完了涨"——笔者相信任何人理解这句话并不难，但问题在于太多的人把这句话当成了废话，因为它太简单了，以至于不能让我们真正重视它。

跌不下去的百万图——意思就是把多头思维调转个方向，当价格向下运行时，我们仍以百万图的分框逻辑为原则，但是是向下分框，第1框就是顶部盘整区，紧接着向下的第2框就是气口区，第3框为向下的主推动段，价格无论是在气口区出破绽，还是在主推动段出破绽，都预示着跌势将很快结束。

无论是看起来突破形态比较标准的鼎胜新材，还是感觉比较变形的天齐锂业，在复合结构形成的过程中，都是在内部呈现出三段式下跌，每一段都可以把百万图掉转方向用空头思维来理解。

复合结构在表面形态上的标准与变形的区别，是鼎胜新材复合结构里的几个单结构，正好前两个重叠在一起，合并起来就显得最后突破时形态比较标准,而天齐锂业复合结构内部的前两个单结构只重合、不重叠,以至于不好确定以哪个结构点作为正式下跌的突破线。

透过表面的形态进入到深层的本质,其共同点就是:

只要产生突破,即进入百万图的第2框,继续向下跌则一定进入百万图的第3框,当复合结构里的第三段下跌,在其本身的下跌第3框主推动段的价格重新涨回来时,则整个复合结构就完成了。

涨完了跌、跌完了涨,复合结构完成了,就是一个下跌周期的结束,同时是一个新的上涨周期的开始。

这一段文字非常重要,也许让读者朋友在这一段阅读时放慢了速度,一时还难以快速消化,毕竟这既是一个短线精准买点,又是一个日线趋势上涨周期起步的位置,被战·休系的学员们称为是致命狙击的秘密武器,是大资金低位布局的重要战略位置,是图表技术分析交易者追求的最高境界。

技术分析的尽头——是复合结构,需要静下心来多体会体会。

所谓战略,一是大方向,二是主动权。主动权即是位置,好的位置进可攻,退可守。

如果确实一时还理解不透也不要紧,在下一章讲上证指数测顶与测底的方法里,结合上证指数的铁律关系,无须等到价格拉起来才确认复合结构完成了,可以进一步提前在最低点还未出现的左侧,预知哪些个股的复合结构将在哪一天完成。

第四章　上证指数的铁律

把股指期货与上证指数放在一起，再把时间轴上下对齐，盘面会呈现出一个神奇的规律，这规律就像铁打的一样——从股指期货在中国资本市场诞生的那一天开始，一直都未曾改变。

对于A股大盘而言：你所期待的方向，如果是对的，股指期货一定会领先于上证指数。

沪深 300 股指期货对上证指数的预测功能

沪深 300 股指期货（IF）于 2010 年 4 月 16 日上市，这一天是中国整个股票市场与期货市场的大日子。在这之前，在商品期货市场一直有一个玩笑式的民间说法，说做铜是身份的象征，因为铜的保证金在当时的期货市场是最高的，然而股指期货上市了，这个说法便改了，改成有身份的人已经去做股指期货了。

同时很多原本不做期货的股民，也开始进入期货市场了，这是因为他们对上证指数非常熟悉，便自然地对股指期货有了亲近感，而证券公司和期货公司都因为股指期货的上市，迎来了一波业绩高涨。

笔者彼时已经在商品期货上做交易好些年了，凭着这一点没理由不去参与业界千呼万唤始出来的股指期货。做了一段时间我便发现，股指期货虽然出身于股票市场，但终究还是期货的属性。

期货的价格变化会领先于现货，正如股票的价格变化也会领先于消息的发布，股指期货的现货是股票，沪深 300 股指期货的现货是沪深 300 只股票，这 300 只股票在整个 A 股市场取样适中，所以沪深 300 指数与上证指数的吻合度较高，所以沪深 300 股指期货的现货即可视为上证指数。

笔者多次在线下分享这条盘面铁律时，都曾遇到过在座的人提出疑问，为何用 IF300？为何不用 IH50 或 IC500？

这就是因为指数的取样问题。IH50 指数取样是超大盘股，而 IC500 取样是中小盘股，如果市场在某一段时间主要是大盘股行情或主要是中小创业板行情，都会使这两者与上证指数走势的偏差较大，再说这两个期货标的在 2015 年 4 月 16 日才上市，比 IF300 整整晚了五年时间，所以在这之前的五年时间也只有 IF300。

所以在本章内容中凡提到股指期货，就单指 IF300。

笔者说股指期货是证监会送给广大股民的预知大盘后市走向的神

器，并且还是免费的，但实际上相当大的一部分股民朋友们炒股票并不看大盘，更别说股指期货了。

不看大盘是因为在自己的感觉中个股与大盘的关系并不大，实际是看不明白关系在哪里，是因为看不明白所以不看。而不看股指期货是因为根本就没做过期货，同时股指期货比起商品期货对资金量要求更高，这个门槛把很多散户挡在了门外，所以炒股很多年虽然也看大盘，但却从来没有看过股指期货。

后来，通过对股指期货与上证指数的强弱对比，我愈来愈发现一个事实，这个能直接预示后市大盘如何演化的规律，不仅是平时接触到的散户朋友们根本不知道，连一些资深的分析师也并不了解，市场本身还有这个功能，原来大盘还可以这样看。

最后反复地想一想，似乎也理解了个中原因。但凡在平时接触过的，不管是做股票的散户、机构，还是做期货的朋友，无论在这个市场已经多少年了，如果只关注股票不关注期货，或只关注期货不关注股票，不是两个市场共同并长期关注，确实是不太可能发现到市场本身竟然还隐藏着这个神奇的功能。

作为一个交易者，如果已经在期货市场有些年头，如果也掌握一些基本面的知识，一定能知道基本面的供需状况是期货波段方向走势的主要原因，但期货在盘面上的表现会领先于现货的供需变化，我们能通过各种媒体了解到的基本面现货方面的信息，一定是滞后的。

如果某个交易者按照自己了解到的"最新"的现货的供需库存情况，去决定做多或做空，大概率很难赚到钱。即使这条信息是真实的，但所谓自己认为的"最新"，可能连第二手都算不上，理论上信息被我们了解时，已经是最后一手了。

市场会包容所有的信息。

市场会包容所有你知道的、你不知道的信息，价格已体现出市场当下该选择哪些（背后的）信息。

假设你了解的信息是真实的，这真实的信息理论上应该使价格上涨，但市场此时并没像你想象中的上涨，除了市场自身暂时不认可这个信息，并没有其他好解释的。

如果你了解到某个信息时，行情已经走了一大波了，那说明这时你了解到的这个信息已经失去了价值，因为它的价值已经在你之前被市场消化，或正在消化中。

做交易的人如果对基本面总是有执念，心中就会不时地泛起一种隐隐的痛，因为仅凭个人能力，即使拼尽全力也不可能把基本面的所有信息都及时掌握到手中。而问题并不仅在于此，因为影响价格变化的因素并不仅限于基本面供需，还有宏观面以及经济周期的预期，也会同时作用于价格的变化。

分析师们通过不辞劳苦地调研，然后提供给客户的基本面调研报告，大多数都是有价值的，行情最后也会大致符合有质量报告的研判。

但我们不能在阅读到调研报告的当时，根据多空研判的指向立即进场交易，因为市场有自身的节奏。在笔者刚刚进入市场的早年时，曾在网上看到某人的个性签名是："趋势是个屁，节奏是真谛"。

因为那时初入市场，对趋势的理解还很肤浅，看到这句话知道这个人很注重对节奏的把握，肯定更甚于对趋势的在意，但当时并不能准确分辨这句话本身是"屁"还是"真谛"，因为"顺势而为"的理念已根植人心，但却由于在实际操作中仅凭简单的顺势而为而遭受损失，迷茫中还没找到出路。所以既不敢肯定这句话是错的，也不敢确定这句话是完全正确的，但正是因为仅凭着简单的顺势而为肯定不行，理解了节奏确实非常非常重要，可能对于大多数人来说，节奏比趋势更重要。

在又经历了一些年，随着对市场理解的深入，慢慢发现了另一个问题，就是当你非常注重节奏的时候，很大可能将导致你在交易中陷入短线的频繁操作中，这样会在不知不觉中对大势毫无感觉。频繁的短线操作在状态好时似乎结果还过得去，但有一个明显的问题应该很多人都经历过，就是凭着对短线节奏的把握可以在一段时间里连操连赢，但是一旦某一次失误被大势套住了，输一次就会把多次的利润吐出甚至还伤及本金。

就这样慢慢才明白，节奏确实很重要，这一点无需质疑，但趋势却绝不是个"屁"，只有在看懂大的趋势的情况下，做正确的节奏把控，才能让我们在有基础安全的保证下长久存活下来。

这市场真是诚不欺我，每一个经验都是用血泪换来的。

既要能看懂大趋势，又要能正确地把控节奏，才是真谛。大趋势取决于基本面、宏观面等多种因素，而无论是涨势还是跌势都不可能毫无节奏地一直涨或一直跌，节奏取决于市场自身，市场自身有资金博弈，有人性的贪婪与恐惧。

如果把基本面、宏观面、供需方面的所有信息归为现货，你就会发现一个很不公平的情况，那就是绝大多数做商品期货的交易者都不可能了解到现货的第一手信息，第二手也不可能，对于众多散户来说，所有有关的信息被了解到了，就基本已是最后一手了。

而股指期货就不一样了，股指期货的现货——上证指数就在盘面上实时显示着。

但是，很可惜呀，做股指期货的期货交易者不去好好利用这个与期货同步实时显示的现货价格变化，而做股票的股民朋友也不去好好利用期货这个先行指标对大盘后市的预期。

如何提前预测上证指数一定会跌破 3155

笔者在 2022 年 8 月下旬对上证指数曾做过一个公开的预判，随后在 9 月份写了一篇文章发在公众号上，在这篇文章里比较详细地梳理了当时的看盘逻辑，标题为《如何提前知道上证大盘一定会跌破

3155》，3155.19 是上证指数在 2022 年 8 月 2 日的最低点。本章引用该文作为阐述铁律关系的开始，图 4-1 为公众号文章开始的截图。

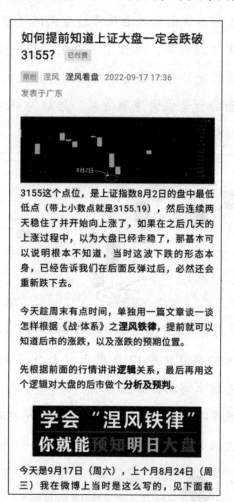

图 4-1 公众号文章截图

下面为引用《如何提前知道上证大盘一定会跌破 3155》原文，及原文的配图，为保持真实充分的还原度，配图中的文字及画线皆是那时已有的痕迹，引用到本书未作新添加注解。

3155 这个点位，是上证指数（2022 年）8 月 2 日盘中的最低点（带上小数点就是 3155.19），如图 4-2。

　　然后连续两天稳住了并开始向上涨了，如果在之后几天的上涨过程中以为大盘已经走稳了，那基本可以说明根本不知道当时这波下跌的形态本身已经告诉我们在后面反弹过后必然还会重新跌下去。

　　今天趁周末有点时间，单独用一篇文章谈一谈怎样根据战·体系之涅风铁律，提前就可以知道后市的涨跌，以及涨跌的预期位置。

　　先根据前面的行情讲讲逻辑关系，最后再用这个逻辑对大盘的后市做个分析及预判。

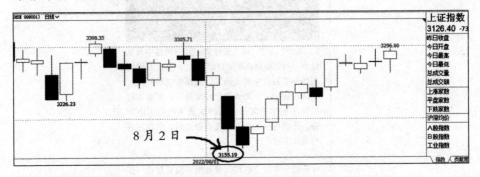

图4-2　原文配图标示2022年8月2日最低点

　　今天是（2022年）9月17日周六，上个月8月24日（周三）我在微博上当时是这么写的，如图4-3。

　　因为当天很多人都在传任总前一天的讲话：把寒气传给每一个人，正好对应当天大盘的下跌，所以段子就满网络传开了，如图4-3。

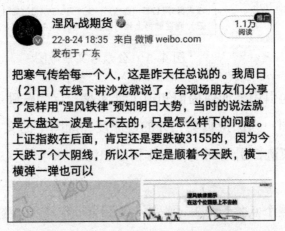

图4-3　2022年8月24日微博

当时敢肯定地说后面还是要跌破 3155 的，主要的一个技术依据就是盘面自身的"铁律"关系。

铁律关系为什么能告诉我们后市是涨还是跌，以及涨与跌的预期目标？主要就是来自于对比，是上证指数的图表与股指期货的 IF300 图表的对比，我们先来看一下当时盘面对比情况是怎样的，用 2 小时的周期做个对比，如图 4-4。

图 4-4 的上半部分是股指期货 IF300，下半部分是上证指数。首先看图中标 1 的地方，当两个指数都跌破前低点技术位之后，在标 2 的地方停下来了，这时已经明显看出来股指期货下跌的幅度比上证指数大，只要你对这个幅度的大小差异有明确的认识，就可以明确知道，后市即使反弹上去了，也会重新跌下来，并且跌下来的明确目标就是至少要跌破当时的最低点 3155。

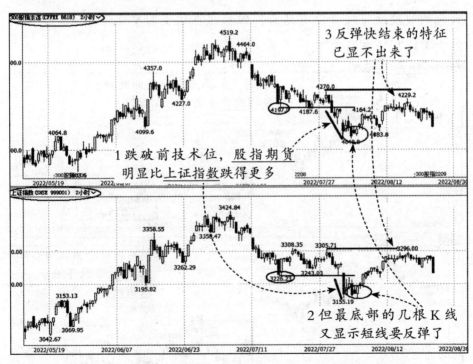

图 4-4 2022 年 9 月 17 日的原文配图 2 小时周期对比

而为什么标 2 的地方会反弹上去？

这个位置我们可以再用 15 分钟的图来对比着看一下，如图 4-5。

在 8 月 2 日大盘跌到 3155 之后开始反弹，反弹持续到第二天，15分钟的图看得很清楚，IF300 期货最高点高于前面跳空下跌后的高点，而上证指数离跳空开盘还有一些距离，盘口的短线表现是，向上时股指期货比上证指数要强。

随后继续向下跌，在跌到前面低点时又看到上证指数已经到了前低点，但 IF300 期货离前低点却还有一点距离，这个盘口又表示向下时 IF300 期货不愿跌。

一前一后形成了一组，IF300 期货都表示：涨时愿意涨，但跌时不愿意跌，这表明——短线的反弹很快就要开始了。

如果用 2 小时的周期图表来表示波段，那 15 分钟周期就代表的是短线，则 8 月 2 日之后这几天的位置，铁律关系对比给出的结论就是，大盘的波段性下跌并没有结束，但短线在这里需要反弹，这就是"反弹完再跌"的盘面逻辑。

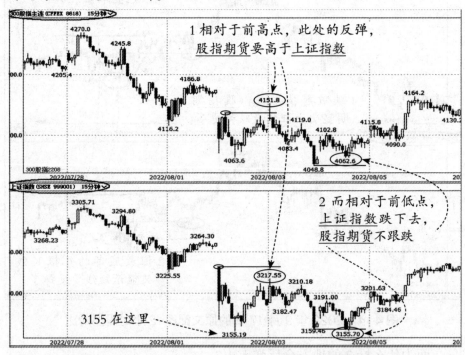

图 4-5　2022 年 9 月 17 日的原文配图　15 分钟周期对比

再回到上面2小时周期的图（如图4-4），图中标3的位置，释文"反弹快结束的特征已经显示出来了"，因为对应着前面一个高点（画了一条粗横线），当上证指数快接近粗横线的时候，IF300期货明显落后了，这种幅度上的差异肉眼可识别。

这个逻辑就是：当盘面向下跌时，如果IF300期货领先上证指数，就代表大盘仍将下跌；当向上涨时，IF300期货落后于上证指数，就代表上涨很快就要结束了。

顺着这个思路，我们来看看大盘在跌破3155之前的盘面，是不是这个逻辑。见图4-6。

图4-6是周五（2022年9月16日）收盘最新的行情，注意看上证指数3172这个低点，是在3155之上止跌了，但当时IF300期货已经跌破了对应的前低点，这叫下跌时期货领先；而随后的反弹，相对于前面的高点，上证指数明显比IF300期货更接近，这叫上涨时期货落后，这又是涨不远的盘口语言。

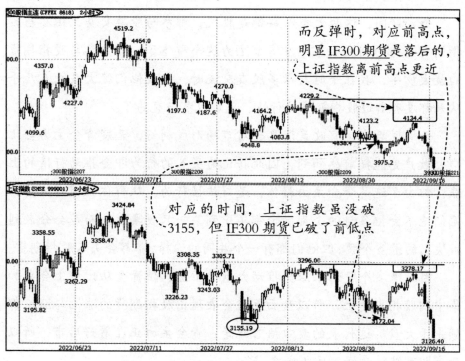

图4-6 2022年9月17日的原文配图

于是，大盘连着大跌两天最终跌破了 8 月 2 日的 3155，本周四的大跌有人解读为美国搞那个台湾政策法案，这个解读我也不反对，因为这两天对我大 A 来说，确实也没有比这更恶心人的消息了，制造动乱让资金恐慌。

但今天这篇文章想说的是，即使没有这个消息，也会有另外的利空，即使什么也没有，该跌还是要跌的，无非是跌快点与跌慢点、单边下跌与震荡下跌的区别。

市场一定会提前反应后市的政策消息，靠信息优势炒股票是占着市场极少比例的主力资金的专利，正是这样的逻辑：当向上涨时如果股指期货不能领先于上证指数，则代表了资金主力不看好后市的上涨。

为什么是这样？

把参与市场的人群简单划分一下就明白了，就两大群体：一是广大散户，不管是大散户还是小散户都是散户；二是资金主力，以国家队、机构、公募私募为代表。

毫无疑问，这两大类人群都是股民，都参与股票交易，但参与股指期货交易的则主要集中在资金主力这个群体了，散户参与股指期货的就太少了，我在平时与很多股友交流时，发现他们绝大多数人几乎从来都没有看过股指期货的行情，更别说参与交易了。

如果说后市将有政策消息会对市场形成利好，无疑资金主力会比广大散户更能提前感知到，因此转化为买入的行为即会推动行情的上涨，但由于这是资金主力群体，是群体性行为，从群体性视野来看，他们绝不会把各自的全部资金都集中到某一只股票上，而是会分散到板块里的很多个股，但他们都有一个共同的选择，即都会买入股指期货。

因而很多个股的上涨会推动大盘的上涨，但资金从比例上会更加集中到股指期货上，所以盘面上就会表现出股指期货的涨幅与涨速都领先于大盘。这代表的盘口语言就是，资金主力正在看好后市，所以后市即可继续看好。反之亦然。

当你能够看懂盘面的这一点玄妙之处，你当然可以清楚明日的大盘能不能继续看好。

我们来看一下大盘最近几天的下跌是如何形成的，就是高点是如何形成的。看高点如何形成要从低点开始看，看什么？看（2022年）9月5日到9月13日这几天的上涨，资金主力在IF300期货与上证指数表现上的差异，见图4-7。

图4-7是个2小时周期的图，我们可以很清晰地看到上证指数在这几天的上涨中都快接近前高点了，但IF300期货明显离前高点要远很多。

上证指数的表现可以理解为全体股民都看好后市的上涨，但IF300期货的表现则告诉我们资金主力并不愿大力买入，而主力们不愿意真金白银地投入，只能理解为他们并不看好后市的上涨。

这就是涅风铁律，就是看股指期货与上证指数的强弱关系，从而预知明日大势的走向。

高点，就是这样形成的，高点形成了，便开始下跌了。

我们经常听到所谓的研究主力，什么叫研究主力，这就是研究主力。研究主力不是研究某个具体的大佬，也不是研究某个专家说过的什么话，而是研究市场主力资金干了什么事，这与我们平时生活中交朋友类似，一个朋友对你怎么样，不能光看他说了什么，而要看他具体干了什么。

平常与一些金融机构的分析师们聊天，聊多了之后发现了这个铁律及其所预示的盘面意义。绝大部分经济、金融的分析师由于平时并不跨市场观察图表，所以也并不了解这个功能，即使是在股市已有二十年以上经验，可以对市场做出高水平宏观预判的人，只要平时不研究股指期货与上证指数的实时动态强弱关系，也不太可能发现这个方法，虽然这个方法并不难。

掌握这个方法，需要对股市、期货都要有研究，只有长期并两个市场同步的研究，才有可能发现这个铁的规律，并掌握它。

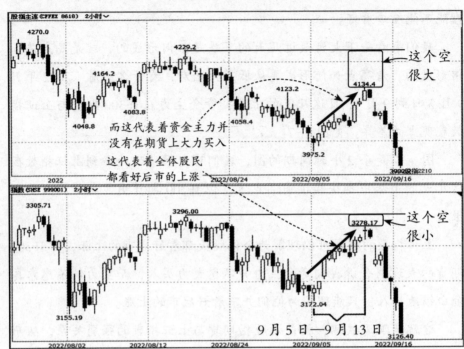

图4-7　2022年9月17日的原文配图

今天是（2022年）9月17日周六，现在的大盘正处在下跌中，但下跌也总会结束的，当下跌快结束时，盘面一定会显示IF300期货与上证指数强弱上的铁律表现。

图4-8　2022年9月17日的原文配图

所以今天就来回顾一下上证指数前面两次大底形成时，涅凤铁律在底部的精准表现，一次是 3 月 16 日，一次是 4 月 27 日，见图 4-8。

看一下 3 月 16 日几段群聊记录，在 3 月 16 日的上午 10 点 21 分，说了一句"股指今天还没破昨天低点"，并配了一张图在下方，单独提出来看一下，见图 4-9。

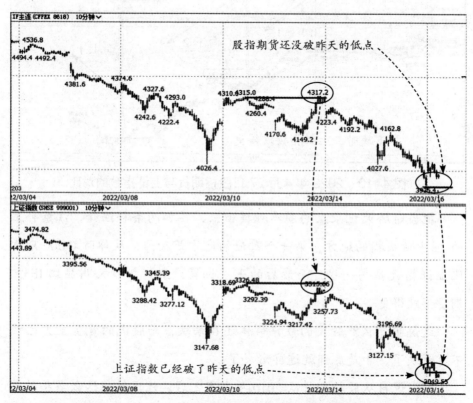

图 4-9　2022 年 3 月 16 日股指期货与上证指数对比

注意图中行情最后的画圈处，当时说股指还没破昨天的低点，可是当时的上证指数已经破了昨天的低点。

这代表什么？这代表市场的资金主力这一天的开盘就不愿再向下杀跌了，所以在上午收盘前一分钟说了句"安心吃饭吧"。

然后下午开盘后，果然如大家期待般，开始涨了。

再来看一下 4 月 27 日底部是怎样形成的，见图 4-10。

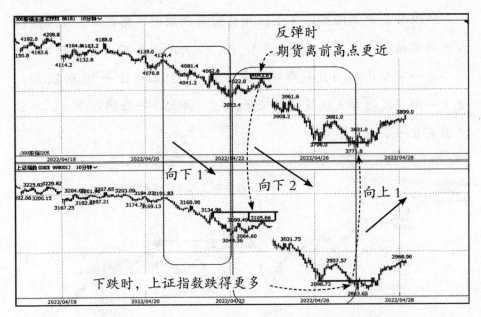

图 4-10 2022 年 4 月 27 日股指期货与上证指数的对比

把当时聊天记录里的图单独提出来，再加两条补注释，注意补上的图中箭头指的地方，第一个对应的地方是反弹，反弹时 IF300 期货比上证指数要高一些，而最后的下跌位置，上证指数又明显比 IF300 期货下跌得更多。

这说明什么？股民的散户群体还在杀跌，而股民的资金主力已经不再看跌了，于是底部就这样形成了。

可以说自从股指期货从 2010 年上市之后，涅风铁律这么多年对大盘顶与底的判断从未失过手，在这个公众号之前写过的关于上证指数的文章里，都有说到过"铁律"，但都没有详细地展开讲。

这篇文章详细说一说涅风铁律的几个盘口细节要点、临盘注意事项。然后再根据这些来做个分析预判：在本周（2020 年 9 月 16 日）的大跌之后，大盘这一波将跌到哪里才会形成底部。

第一是软件的使用，这一点主要是因为股票软件大多不具备这种分割窗口使两个标的显示在同一界面的功能，所以必须使用期货软件（也许这也是绝大多数股民朋友一直不知道这个方法的原因之一吧）。

　　第二是标的的设置，要用 IF300 股指期货与上证指数放在一起比（不要用上证 50、中证 500，还有最后才推出的中证 1000）。

　　第三是周期的设置，上半部与下半部要用一样的周期，用日线就都用日线，用小时周期就都用小时周期，当然用 15 分钟或 5 分钟也一样，这样再把时间轴对齐，就不会出现视觉上的误差了。

　　以上三点为基础细节，下面是技术重点。

　　第四，比较时要先以一个波段性的高点或低点来定位。

　　第五，一个波段周期的趋势结束前，通常有两次短线的铁律领先顺序调转，然后才会波段性转势。

　　第六，对比时要注意找到前面两个技术位，一个为波段技术位，一个为短线技术位。

　　第七，波段铁律对应波段的预期，短线铁律对应短线的预期（很多朋友学习铁律，通常情况下短线铁律是一学就会了，但波段铁律却一时掌握不好，所以上面一开始就说要先以一个波段性高点或低点来定位）。

　　第八，波段拐点的尾部，通常情况下，短线的铁律会出现股指期货的明显放缓（或反向发力）。

　　第九，如果是波段调整性质的浪尾，可以是先领先下跌，而调头时却领先上涨，这是因为波浪已完整。我们来根据这以上的盘口细节要点，复盘一下这一段时间铁律在看盘时的运用，见图 4-11。

　　这是 2 小时周期的图，图中第一个红框两个指数向下跌破前低点时，IF300 期货明显比上证指数跌得多，这就表明了反弹之后仍然会重新跌下去；到了第二个红框的尾部，仍然用前面的波段低点来定位，仍然是 IF300 期货比上证指数跌得多，则仍然表明，下跌并没结束，于是反弹结束后，就有了本周后两天的大跌。

　　这两处是波段铁律的盘口意义，我们再来看一下第一个框结尾处的短线铁律，直接用一下上面用过的图，15 分钟周期，见图 4-12。

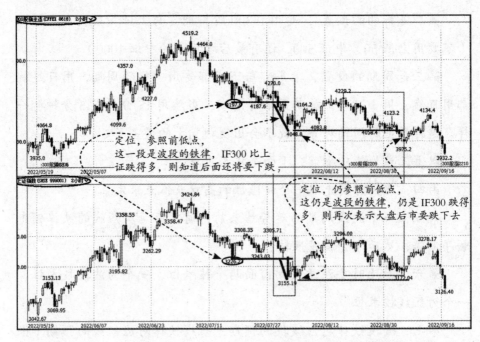

图 4-11　2022 年 9 月 16 日收盘，股指期货与上证指数的对比

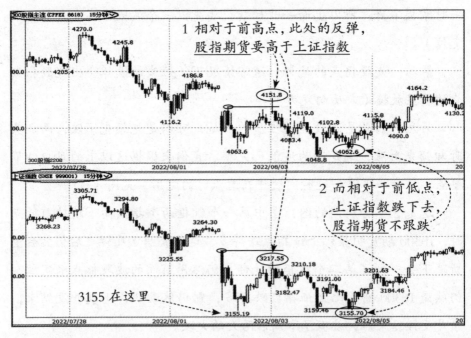

图 4-12　2022 年 9 月 16 日收盘，股指期货与上证指数的对比

细节要点的第八条，波段拐点的尾部，通常情况下，短线的铁律

会出现股指期货的明显放缓（或反向发力）。

波段铁律代表对后市波段的涨或跌的预期。短线铁律则代表当下就知道行情会不会很快就要掉头的盘口语言，短线铁律在8月2日之后的几天，用15分钟周期的图，可以看出来当行情向下跌时，IF300期货在下跌中落后于上证指数，则代表短线在这里跌不下去了，要反弹。

加上前面一个反弹时IF300期货已经有了比上证指数高的盘面表现，则是一前一后算一组，这样的信号就更加可靠了。

把上面这些细节要点在反复运用后，提炼出看盘的指导思想，可以浓缩为一句话的心法，就是：你所期待的方向如果是对的，股指期货一定要领先于上证指数。

即，当行情在上涨时，通常情况下大家都会期待后市继续上涨，但这只是主观的期待，究竟客不客观？

在心里念一念心法就知道，你如果能看到股指期货的上涨，无论在幅度上还是速度上，能领先上证指数，那么，至少今天是不用担心的，只要是这种方式的盘口表现，至少至少，明天上午会继续涨的。

如果在上涨中，你看到股指明显弱于上证指数，则你需要随时小心。同理反过来看下跌，如果在下跌中股指期货跌得比上证指数快和跌得多，则表明下跌不会很快结束，而这个领先顺序如果有一组调转，则行情很快就会止跌。

最后我们根据战·体系对大盘做个综合的分析预判，先看个2小时周期的图，见图4-13。

首先看从7月份开始的这一整波下跌是个震荡式下跌的定性，这个定性一开始就可明确的是，这波下跌或者说这波大的调整不会很快结束，但这个定性同时也说明不会演化成大跌。

在这个基础上，最后两天的大跌是这整个一波中刚刚出现的单边下跌特征，当这个特征一旦出现时代表后市有两个可能，但只能在两个可能中选一个，一是大跌正式开始了，二是整个下跌就快要结束了。

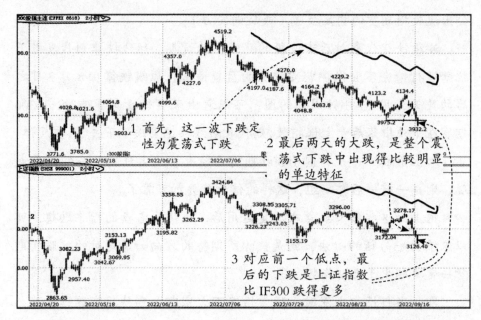

图 4-13　2022 年 9 月 16 日收盘，股指期货与上证指数的对比

后市会选哪个呢？我们再转到 15 分钟周期的图来看看，见图 4-14。

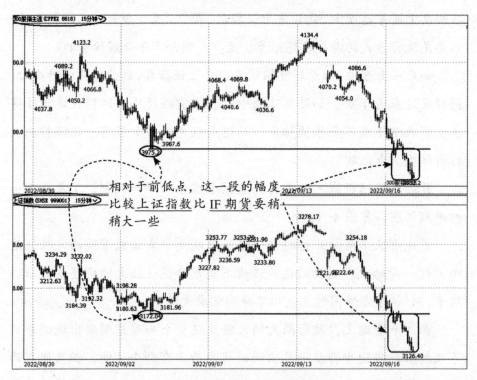

图 4-14　图 4-13 的局部放大

　　在这最后一段下跌的比较中可以看到，对应着前低点，上证指数比 IF300 期货的幅度要稍稍大一点的，这说明了什么？说明了资金主力在大盘跌破前低点后，开始放缓了卖出的力度，只是主动买入的力量还没明显显示出来。

　　但这个盘口在铁律上表现出来的差异，至少可以排除"真正大跌开始了"的选项。意思就是，跌还是要跌的，我们需要等一等，等在未来几天在盘口出现一前一后一组的短线铁律调转，则当前这个波段下跌很快就可以结束了。

　　再单独看看上证指数 2 小时周期的图，它后面的走势应如何演化才比较合理，见图 4-15。

　　如果可以排除继续大跌的可能，则前技术位附近一定产生支撑，后面几天只要能在 IF300 期货上看到主动买入的明显铁律关系，则当前这一波下跌很快就会止跌反弹。

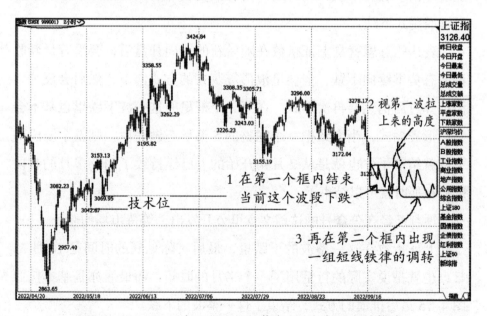

图 4-15　2022 年 9 月 16 日收盘 对大盘后市的推演

　　然后看拉起来的高度，高度当然是越高越好，但想象不能太美好，第一波反弹结束，仍会有震荡下跌，这时如果再在盘口能出现一前一后的短线铁律调转，则阶段性底部大致就在那个位置。

最后再强调一下涅凤铁律的几个临盘注意事项：铁律调转时行情不会立即掉头；当下的铁律调转代表行情下一波即将掉头；波段行情的当下铁律调转，代表行情再走一个不完整的波段即会掉头；短线行情的当下铁律调转，代表行情明天再冲一冲即将结束。

这几个重点侧重偏向于实盘操作，也许不容易很快掌握，后面碰到机会再聊。

......

以上为 2022 年 9 月 17 日（周六）公众号文章的全文，正好在本书这一章可以接着再讲一讲。

文章的最后对上证指数的后市做了推演预判，见图 4-15，在截至最新收盘的位置后画了两个框，第一个框里的画线，代表接着最新收盘继续向下震荡下跌，在经过一个有效的反弹后，在第二个框再重新继续震荡式下跌。

表达的意思就是上证指数在随后新的一周开盘后，会沿着最新收盘的态势继续向下跌，但会呈浪形震荡式的方式向下，然后会反弹，但反弹过后仍然会再次下跌。在第二个框里的这一波下跌里也基本会是浪形震荡式，当大致把一个完整的 5 浪形态做完后，则整个波段的下跌就结束了，也就是从 7 月初开始的、已经持续了两个多月的整段跌势在那时就可以结束了。

预判已经在公众号的这篇文章里公开发出，等待市场的验证……

上证指数在这一整波的下跌里，最后实际见底的时间是 10 月 31 日，也就是说实际的行情用了一个半月的时间，而最后亦是基本按照图 4-15 最后推演的方式，结束了这一整波的下跌。

现在可以把实际的走势与当时的预判放在一起对照看一下，如图 4-16，在第一框内行情接着文章结束的地方继续下跌，开始是以震荡的方式，继而加速向下，可是刚一加速便突然止住下跌，直接用大阳线结束了第一个框的下跌。

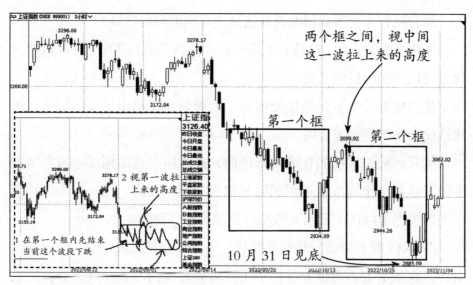

图 4-16　2022 年 10 月 31 日见底 实际走势与当时推演的比较

在原文章的配图里写了一句话：视第一波拉上来的高度。

因为这一波是两个框之间的连接与转换，其高度直接决定了两个框之间的比例关系，实际走出来的行情在这一波反弹的高度上稍稍比当时预想的要低了一些，所以这也使得第二个框的下跌，在最后的位置上实际行情要比原文章画框的地方要低一些。

现在回过头来从结果看，上证指数在 2022 年 9 月 16 日之后，基本完全按照公众号文章的推演预判，在第一个框内继续下跌，把当时正在下跌的那一波跌完，然后一定要有一个反弹，最后再运行第二个框的下跌。

按照这样的节奏，则可以把上证指数从 2022 年 7 月 5 日开始的、持续几个月的整波下跌完整性体现出来，这是一种对波段趋势在整体定性的基础上，对其内部节奏的推演和预判，其缺点是无法提前精准到具体日期，虽然比一些宏观分析已经更加具体地描述了内部节奏如何演化，但如果实战中抄底抄早了也仍难免进场后短期被套。

怕就怕在今天进场了，明天在继续下跌探底的过程中因为恐惧而止损出局，但后天行情却真的涨起来了。

那有没有办法做到精准到具体见底日期的当时进场？

办法当然是有的，这就是本书在这一章的重点：掌握了涅风铁律，你就可以预知明日的大盘。

我们把第二个框的结尾处用更小的周期来显示出更多的细节，短线铁律会告诉我们怎么做。

注意回顾一下前面在第八条说的，在波段拐点的尾部，通常情况下短线铁律会出现股指期货的明显放缓或反向发力，用一个5分钟周期的图表把10月31日当天的盘口显示出来，如图4-17。

图4-17的上半部分是股指期货，下半部分是上证指数，时间轴已对齐，在图中上下两部分各标示了与时间对应的三条横线，当价格跌破横线①时，股指期期与上证指数是同时跌破并同时收上来，但上证指数在随后的第三根K线仍用下影线创了新低点，虽然幅度很小但事实确实发生，而股指期货当时并没有创新低。

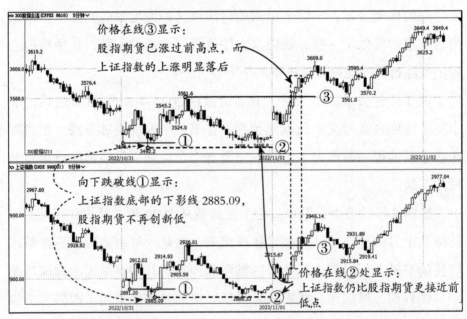

图4-17　上证指数2022年10月31日底部铁律对比　5分钟周期

一叶如果能知秋，此时的盘面已经出现了第一片叶子，在这片叶子的反弹之后再重新向下跌，当价格来到了图中的横线②时，上证指数在接近前低点几乎平齐时，股指期货在这5分钟周期图上的对比，肉眼可见离前低点要远一些，这又是一片知秋的叶子，一前一后出现了两片相同的叶子了，这说明市场到了这个位置，相对于上证指数来说，主力资金在期货上已经不再看好后市的下跌了。

价格再次掉头向上，而当价格涨到横线③时，股指期货领先了上证指数两根阳线，这叫反向发力。

三条横线的前两条显示的是下跌时铁律不再领先，而价格在涨过横线③时，主力资金已经在掉头向上后，在股指期货上加大了买入的力度，说明铁律确实已经领先上证指数向上了。

你所期待的方向如果是对的，股指期货一定会领先于上证指数。

在2002年10月31日这一天，大盘指数在下跌中走到了推演预判的第二个框的右下角部分，而这一天如果继续沿着下跌的方向，在心中默念：

你所期待的下跌如果是对的……

念完上半句发现下半句念不通了，因为股指期货已不再领先于上证指数向下跌了，而到了第二天，11月1日早开盘即跳空高开，随后在盘中上涨时我们把方向掉转，同样在心中默念：

你所期待的上涨如果是对的……

这时可以很自然地发现，在这上涨中股指期货在盘中是领先于上证指数的，如果看到了这种关系，这就是涅风铁律所揭示的盘口预意，预示的是主力资金在看好后市的上涨。

涅风铁律揭示的就是——信息差！

什么是信息差？

对于整个股市而言，不论是从宏观经济的角度，还是从行业政策的角度，抑或是热点赛道，具有资金优势和搜集分析信息优势的机构，总是能比绝大多数散户更能先知先觉地感知到后市的方向，所以在一个下跌行情将要转为上涨之际，先知先觉的主力资金就会停止卖空行为，转而成为做多的力量在低位承接，当这种由卖转为买的力量更多地出现时，虽然上证指数所代表的股票平均价格仍在创新低，但股指期货已不会再创新低。

当行情真正转为上涨时，如果这时看到股指期货的上涨仍领先于上证指数所代表的股票，则这种盘面所体现出来的意义就是主力资金的持续性。

作为一个投资者，如果我们读懂了涅风铁律所揭示的主力资金这种盘面行为，我们可以假设主力资金了解到了后市要涨的信息，是第一手信息，则我们不再需要在其他任何地方去搜集各种信息，因为我们已经在盘面中看到了结论，结论是主力资金在看涨，实际上等于我们得到的是真正的第二手信息，是由主力资金已经解读过并已反应到盘面的信息，我们得到信息的时间仅次于主力资金得到信息的时间。

这就是信息差。

信息差能让你比市场里的绝大多数散户领先一步。

掌握涅风铁律，预知明日大盘

我们可以把时间再向回拨一拨，把行情倒回到2022年的4月份，本来在3月16日大盘已经探底回升，但并未真正弹上去，4月初便又开始继续下跌，越到最后下跌的力度越大，大有要跌破2800的感觉，但通过波段铁律的比较，上证指数在跌破3月16日的低点3023.30时，股指期货的下跌力度明显没有上证指数大，这里成了2022年全年的底部，见图4-18。

图4-18上半部分为股指期货，下半部分为上证指数，图中比较了两处下跌时的强弱关系，第一处在跌破一个横盘整理区间最低点时，

股指期货跌出第三根阴线时，上证指数才是第一根阴线跌破前低点，这样的盘面表现说明在这个下跌里，波段的跌势明确为持续性看空。

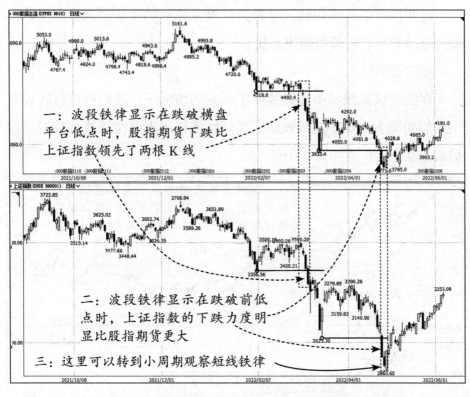

图4-18 上证指数2022年4月份底部的形成 日线

第二处是图中的最低位部分，在这里股指期货与上证指数基本同时跌破前低点，但只要你把两个图同时放在一起比较，就可以很明显看出来上证指数的阴线实体更大，第二天（图中最低点那天）仍在继续下跌，同样也是上证指数比股指期货跌得更多。

这叫什么？

这叫散户还在杀跌，但主力（机构）已在承接。

这叫全体股民中的散户部分仍然在杀跌，但全体股民中的机构部分已开始放缓了卖出力度，并转而在低位转为多头承接。

波段铁律的第一处，在下跌中股指期货领先，已预示了大盘的整个下跌将在中途的反弹之后，还会有一波下跌。

波段铁律的第二处，兑现了第一处的预示，但此时盘面的强弱关系改为了在下跌中上证指数领先。

这叫波段的铁律调转，这种盘口语言预示的是整个波段的下跌不能再继续看空，跌势将很快止住。

很快有多快？

在波段铁律预示不再继续向下看空的情况下，我们可以再转到更小的周期图表去观察短线铁律，当短线铁律出现两次铁律调转时，行情就会迎来转折，如图 4-19。

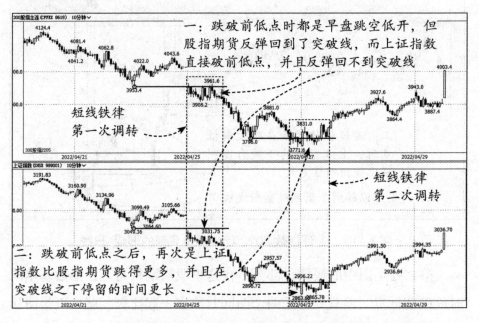

图 4-19　上证指数 2022 年 4 月份底部形成最后的细节　10 分钟

用 10 分钟周期把股指期货与上证指数放在一起对比就可以了，图 4-19 中的第一处对比，是跳空低开在前低点下方，两个都是直接低开然后反弹，但股指期货的反弹高点回到了前低点上方，而上证指数的反弹却回不到前低点上方，虽然误差不大，但这是领先或不领先的性质问题。

这是在波段铁律已经预示不能继续看空但仍在继续下跌的情况下，第一次股指期货不再领先下跌，这是短线铁律第一次调转，第一次并不会让行情直接调头。

于是继续向下跌，行情跌到了图中的最低位置时，亦是基本同时跌破前低点，有参照物就好对比，参照物就是对应的前低点，这时观察到了什么？

上证指数仍是比股指期货多跌了那么一点，同时在前低点之下停留的时间更长，竖框内可以明显观察到的是股指期货反弹回前低点之上，是先于上证指数的，这里就是第二次短线铁律调转。

一前一后的两次形成一组短线铁律调转，正是验证波段铁律的预示，这样整个波段的下跌趋势就可以结束了，盘面的铁律分析在逻辑上已经完整，可以开始涨了。

回想这一段时间的 A 股行情，在那整个 4 月份几乎每天都在跟朋友们分析市场的表现及后市的可能。

到底能跌到哪儿？可能是众多的股民朋友想问但问不出的话。

这一段时间应该是笔者进入金融市场二十多年来，第一次这么关心上证指数的涨跌，虽然手上并没有被套的股票，但真的生怕它跌破了 2800 点，这一点可能与只做股票的朋友们不一样。

因为笔者很早就进入了期货市场，所以从来不会在意下跌，但这一次真的不一样，因为上证指数跌破了 2900 点，下面的整数关就是 2800 点，而 2800 这个数字，再向前追溯就是 2020 年，重新上涨的起步位置。

2020 年 2 月初开市的第一天，上证指数直接跳空低开 260 点，这个跳空的幅度在 A 股市场也是史无前例的。

虽然第二天仍是低开，但之后便是一路向上涨回到了年前的位置，A 股测试出下跌的极限位置。

刚收上来不久，3 月份美股连续大幅度下跌，A 股再次受到冲击被动地打回到年后开盘的位置，但仍然再次稳住慢慢地收上来了，以一种蓄势待发的形态，在 6 月份开启了一波日线级别的上涨。

而 2800 点，正是起步的位置，是在承受两波史无前例的意外打击后，稳住，并开启重新上涨的位置，所以，这个位置的战略意义非常重要，如图 4-20。

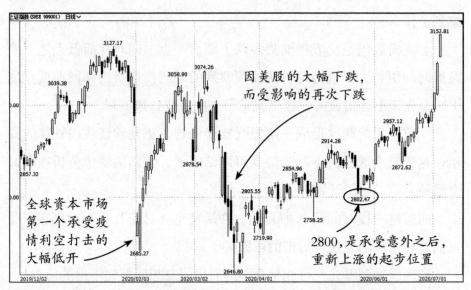

图 4-20 上证指数 2020 年春节后的几个重要位置 日线

所以在 2022 年 4 月份 A 股市场下跌时，笔者非常关注 2800 这个位置，因为从理论上讲，利空带来的恐慌，毕竟已经是第二次了，如果这当中没有隐含着别的更大的利空，则第二次的影响力怎么可能超过第一次呢？

稍有经验的股民朋友都知道，利用一个题材对某个具体的个股进行炒作，如果这个题材是新的则效果肯定很好，但如果是在隔一段时间后，不含新意地再利用这个题材来炒作，那无论如何这次股票的涨幅都涨不过前一次的高度。

因此，2800 点会不会被跌破，成为了判断市场有没有隐含别的还不得而知的更大利空的重要因素，金融市场总是会提前预期社会实体经济的后续走向，一旦 2800 守不住，即使当时会有反弹，但后续市场真的不容乐观，实际上反映的是对社会实体经济的信心。

还好，上证指数在最后跌破前低点时，如图 4-18 第二处的波段铁律显示，股指期货没有领先下跌，这很好。

一路分析推演下来，最后笔者在 4 月 28 日写了句结论：大盘 2800 点是个重要的位置，（短线）铁律在下跌过程中，两次转换为上证（指数）下跌领先，这样总算是放心了，如图 4-21。

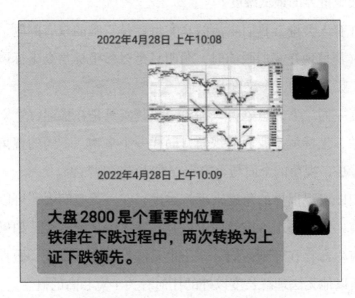

图 4-21 当天的聊天记录

你所期待的方向如果是对的，股指期货一定会领先于上证指数，但股指期货不领先下跌就等于告诉我们不要再看空了，因为先知先觉的主力（机构）已经开始低位承接，并且承接的力量已超过了继续看空的力量，所以股指期货会先于大盘止跌，也先于大盘反弹。

而一旦可以确信这个反弹的位置是处在一个波段性底部时，反弹这个说法实际是不准确的，它应该被称为是上涨的开始。

金黄色的秋天虽然还没真正到来，但我们可以想象，当你看到了第一片落叶，紧接着又看到了第二片落叶，三片，四片，五片……

你一定可以在脑海里勾画出一幅饱含诗意的金秋大地。

铁律，是市场的第四个维度

战·体系在平常意义下的看盘，是在结构、关键点、周期转换的三个维度里，看待市场里各个周期的趋势，三维空间本身就是构成我们真实宏观世界的最低维度。

或许有人会说，我们生活的真实世界是三维的没有问题，但市场以电脑屏幕呈现在我们眼前时，明明只是以横坐标与纵坐标展开的二维平面，哪儿来的三个维度？

维度一词，不必想象得太抽象，它其实只是在描述一个空间中坐标的个数，坐标就是我们的视角，同样一个事物，不同的视角会得出不同的看法，视角的全面与否决定着看法的客观与否。

我们以宏观世界的角度来理解维度，在一维空间中，可以移动的方向只有一个，整个一维空间可以是一条无限长的直线，如果在这个维度里有生命存在，则他们一辈子也只能沿着这条直线，做直线来回移动，所以他无法理解长度以外的任何有关于宽和高的概念。

如果把一维空间加一个坐标方向，给这个直线做一个垂直线方向展开，就会得到长和宽的二维空间了，这时与我们看K线图处在电脑屏幕是一个概念，同样，在这个二维世界里如果有生命存在，他们亦是只能在这个平面里移动。

我们完全可以把K线当作是生命，K线确实是有生命的，因为只要在开盘时间里，他们总是会在这个二维平面世界里在不断向右的方向里上上下下地移动位置。

一维世界的生命完全不懂二维世界的生命是如何运动的，但二维世界的生命可以看到一维世界的所有细节，也可以去到一维世界的任何地方。

但二维世界的生命只是活在"长"和"宽"的平面里，他们永远无法理解"高"是什么概念。

同理，只要给二维世界再加一个坐标，就形成了立体三维空间，人们在三维宏观空间里，可以看到二维平面世界里的所有细节，这是这个维度赋予观察者的视角。

单纯的结构与关键点结合在一起，我们可以看到在某一周期内的趋势是怎样发展的，但为什么在我们的印象中，很多形态在开始时都差不多，却走着走着就不同了，有的趋势可以发展得很好，有的本来是看好的趋势在中途突然就变了，这是为什么？

如果想不明白，那一定是视角的问题，这是因为我们仍停留在二维平面世界的视角，我们需要第三个维度，就是周期。

如果日线级别处在震荡下跌的定性里，小时级别上涨有时能走完一波完整的趋势，但有时却走到半途就掉头了，这是因为日线级别的位置制约了小时级别的上涨，根本问题是日线周期的趋势没转换过来。

第三个维度，是周期转换。

确切地讲就是准确地知道当下市场的价格，它分别处于哪个周期的哪个位置，价格本身属于所有周期，但在绝大多数的时间里一定是处在不同周期的不同位置，少数时间处在不同周期的相同位置，这叫周期共振，比如大家经常听到的一个词叫③浪3。

小时级别的第3浪上涨，如果正处在日级级别的第③浪，这就是③浪3的行情，但如果这个③浪3是处在更大周期的周线级别下跌趋势里，它仍然可能不会涨得很好。

反过来，如果有一段涨势在开始的时间看起来并不起眼，但过了一段时间发现它越走越好，这一定是因为更大的周期在趋势上已经转换过来了。

而价格运动在大周期与小周期之间的穿插转换过程中，始终遵循着大周期主趋势制约小周期次级趋势的反向发展、大周期主趋势指引小周期次级趋势的正向发展的原则。

当然，如果视角停留在二维平面世界里，是看不到这个大小周期主次转换关系的，这需要用三维空间的视角，也可以理解为在电脑屏幕的二维坐标的基础上，增加了第三个坐标。

而上证指数，是股市最特殊的一个存在，因为股指期货在 2010 年上市了，同时因为上证指数的存在，股指期货亦成为了期货最特殊的一个存在，整个市场里只有这两个指数，是期货与现货同时并且同步显示在投资者面前。

于是我们分析上证指数时，不仅有了结构、关键点和周期转换的三个维度，还有了铁律的第四个维度。

正如在三维立体空间的视角里，可以看到二维平面世界里的所有细节，同理在四维的时空里，我们可以看到三维空间里的更多细节。

铁律，是第四个维度。

所以行文至此我们可以回顾一下上一章末尾留下的问题，天齐锂业在 2022 年的最后一波上涨，仅四十几个交易日涨幅达 150%，而这一波上涨的开始，就是以复合结构的完成为标志性形态，形态完成即直接拉升。

第一天即直接涨停，第二天是个继续上涨的大阳线，第三天仍是涨停，真是一步跟不上，步步跟不上的感觉，等你反应过来就发现已涨了快 30% 了，敢追单吗？

如果不敢追就只能等回调了，可真正等到回调时已经是连续拉涨近 70% 的幅度了，在这之后如果还是想参与后续的行情，不敢保证进场后是否还能保持平稳的持仓心态，也许很大概率是眼睁睁地看着一大波行情走过了，只留下怅然若失的心情。

为什么会看错行情，是因为交易体系的不完整，

为什么会错过行情，是因为对细节的把控不到位。

在四个维度的视角下，我们可以看到更多的细节，在图 4-18 和图 4-19 的基础上，在波段铁律到短线铁律的基础上，把上证指数和天齐锂业放在一起时，看看能发现什么？

如图 4-22，把天齐锂业与上证指数放在一起，用日线周期把上下
时间轴对齐，这时可以很惊喜地看到，最低点竟然是在同一天。而把
目光向上移到图中的最高点，很明显看出来天齐锂业与上证指数的最
高点并不在同一天，从最高点那天开始，天齐锂业开始了长达 8 个月
时间的下跌，但在下跌的过程中先做出了一个虚线的多头结构，再做
出一个实线的多头结构，这个实线多头结构将虚线多头结构包容、重合。

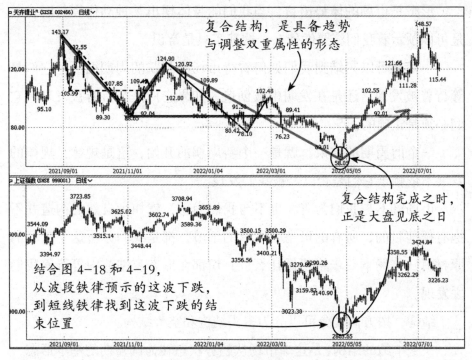

图 4-22　天齐锂业与上证指数同时见底　日线

这是一个重要的形态语言。

这种语言在形态学上从来没有人解释过，它预示的是价格还将要
继续向下跌，但是这个被预示的下跌——既含有趋势的属性，也含有
调整的属性，是双重属性，类似于光的波粒二象性。

而这整个调整的结束之时，就是被预示的下跌结束之日，结束的
那个点就将是复合结构完成时的最低点，当包容并重合虚线多头结构
的实线多头结构构建成形时，代表的是价格还缺一波下跌。

这一波还没发生的下跌是被提前预示的，当这一波下跌实际发生之后，整个形态将构建出一个更大的多头结构，这个更大的多头结构将再次包容、重合已经出现的虚线和实线的两个多头结构。

单纯地用价格的向下运动来解释这个盘面，这就是个下跌的趋势，而价格在向下运动的过程中既已构建出形态，形态学则从另一个角度来解释，它是一个复杂度较高的调整。

形态是市场的体势语言，当我们的身体摆出某种动作姿势时，总是可以预示着我们将要做什么，这其实只是常识。

一切都可以归结到我们如何看待市场涨与跌的周期循环，它们是等待着被发现，还是在发明中被创造，如果它们是等待着被发现，它们必须是正确的。

一个旧周期的结束，就是一个新周期的开始，这是规律，规律的发展不依赖于它们是否已经被我们发现。

市场既不与我们为善，也不与我们为恶，就如大自然的构造并不抱有任何目的，所有的形态、所有的细节，都是我们分析这个市场的原材料，市场下一步将要做什么，一切都在形态及细节中等待着我们去发现。

结构，按方向区分可以分为多头结构和空头结构。

一个单纯的结构，是这个市场从趋势状态转为调整期的基本形态，在这个基本形态的基础上，战·体系经过数年的观察总结，共发现了六个种类的结构，所有的结构都构建在趋势涨完了跌、跌完了涨的市场公理里。

发现，是一步一步完成的，市场由两种状态组成，一是趋势，二是震荡，而震荡占据了市场 80% 的时间，震荡总是让大多数人感觉是无序的，然而这个命题不能被真正成立，它与市场是有效的是相对立的，也不符合周期循环的规律。

一个单纯的结构在市场处于震荡期用来表示调整形态时，就如是一个基本粒子，人类发现第一个基本粒子是电子，电子是在1896年被发现，第二个被发现的基本粒子是光子。

质子和中子是在光子被发现后的第三个和第四个，然而质子和中子并不是基本粒子，它们其实是被更后来才发现的夸克所组成的，夸克是基本粒子，但夸克也有好几种，当第四种夸克被发现时已经是1974年了，此时距电子被发现已经过去了78年。

发现，是一步一步完成的，直到2012年，最后一种基本粒子希格斯粒子被发现，它是被一台在当时是全新的能量最强的加速器在对撞实验中发现，因此希格斯粒子又被称为上帝粒子。

至此，所有的基本粒子都被发现了，它们都被统一到一个完整的理论之下，这个理论叫粒子标准模型，从1896年的电子被发现到2012年的上帝粒子被发现，总共历时116年。

在战·体系整个结构模型里，复合结构的最后一波下跌实际是被提前预示的，当预示的这一波实际发生时，我们只需要在它下跌的过程中，去分析它何时结束。

如果你在这只具体个股上分析不出复合结构将何时完成，用上证指数与股指期货的铁律关系，无疑将可以给你提供第四个维度的视角，在这个维度的视角下，我们将可以看到原本看不到的细节。

当你能看到这些细节时，再去观察细节的细节，你可以发现见底的那一天，天齐锂业本身的涨停远远强于大盘指数，这更是表达了主力资金在这一天的态度。

复合结构，是一个下跌周期的结束，也是一个调整周期的结束，一个周期的结束代表着另一个周期的开始，是的，新的涨势周期已经以直接涨停的气势开始了。

图表会提前于消息——鸿博股份

做投资，一定要学会看大势，炒股票，一定要学会看大盘。

当铁律遇到了复合结构——

2022年4月27日上证指数在铁律指引下见底之时，当天A股市场几乎所有的股票都在涨，换句话说就是只要掌握了涅风铁律，当天随便买入任何一只股票都可以赚到钱，只是，并不是所有的股票都能走出一波趋势，从最终的结果来看，只有在自身的形态上同时完成了下跌周期或是调整周期的股票才能真正走出一波好趋势。

在那天之后的不久，战·体系又发现了一只股票，它已经完整地完成了周线级别复合结构，这只股票叫鸿博股份。

鸿博股份在2015年见顶之后，就进入了熊市周期，这个周期一共维持了7年之久，这只股票在熊市周期的后半段一直在盘底，由于时间太久了，以至于在2022年4月底的时候并没有被及时发现。

实际上它也并不是在4月27日的当天，与上证指数同一天见底的，它是在5月6日才完成历经了7年熊市周期的最低点，笔者发现它的时候已经一个多月过去了。

这时，它已经处在新周期开始的第一波上涨中，但正是因为它是周线级别的复合结构，时间跨度大，在上证指数刚刚完成底部之后的数日才完成自身的复合结构，所以这种盘面把个股与大盘放在一起对比着看，可以说明两点，一是个股与大盘属大周期底部同步，二是当前这一波个股与大盘当下不同步。

把这两点综合在一起，就是鸿博股份新周期的真正主升浪不在这一波，那只能是在下一波了，这当然是好事，如图4-23。

在上下两部分比较中，可以明显看出来，鸿博股份在最后上涨的部分，从K线形态的连续性来看明显不如上证指数的流畅性好，而比起上一个案例的天齐锂业，在复合结构完成后上涨的连续性上更是没

法比，形态上都可以定义为复合结构完成了，只是鸿博股份在周期级
别上更大一级。

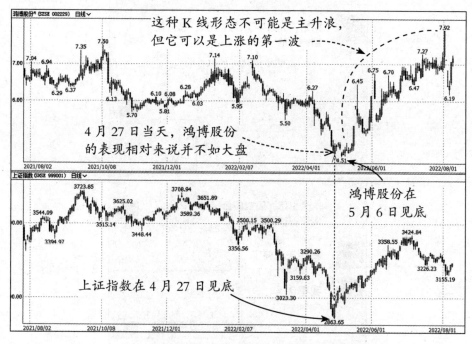

图 4-23　鸿博股份与上证指数 在大周期上算是底部同步

而大盘在 2800 点的上方成功把底部做出来了，具体到这只个股本
身的底部也做出来了，当时却并没有直接走出单边拉升推动的行情，
所以这种逻辑关系反而可以推导出一个很简单的结论：后续肯定会有
（至少）一波充满想象力的行情。

当前这一波可以先观望，也可以逢低买入，但真正的机会一定是
在下一波才会出现，这中间还需要经历一个回调，用波浪理论的思想
来解释，就是当前只是第 1 浪，等个 2 浪的回调，做第 3 浪。

于是继续保持关注，等待真正的时机到来，在 2022 年 8 月 1 日那
天，就是图 4-23 里最高价格那根 K 线，在群里与大家聊行情时，正
好聊到了这只股票，就提前说了句"这个也是，周线的复合结构，结
构完成正好在底部区，这个位置有想象空间"，见图 4-24。同时截了
一幅鸿博股份的周线图附在里面,图里没有具体画出复合结构的细节，

145

用一个方框与几条斜线粗略表示，单独提出来看一下，见图4-25。

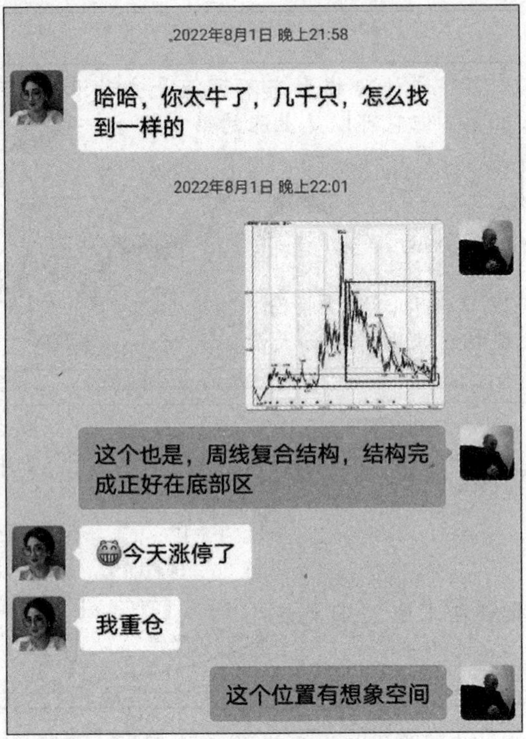

图4-24　8月1日的聊天记录

战·体系的班主任当时已经提前参与了，并说了句"几千只（股票），怎么找到（形态）一样的"。

其实这句话是在说另一只股票，当时是在期货与股票之间对比复合结构的形态特征，正好鸿博股份与前面对比一个期货图的形态基本相同，所以只要看过的图脑子里有印象很快就可以调出来了。

如图4-25，一个完整的复合结构已经完成，并且是在周线的级别上，很明显这图已经见底了，如果一个交易者能坚信：一个周期的结束就是另一个周期的开始，那么面对这种形态就应该坚信它一定会涨上去，只是怎么涨的问题，而在截图中的最后价格已处在第一波上涨中，这在波浪理论里叫作第1浪。

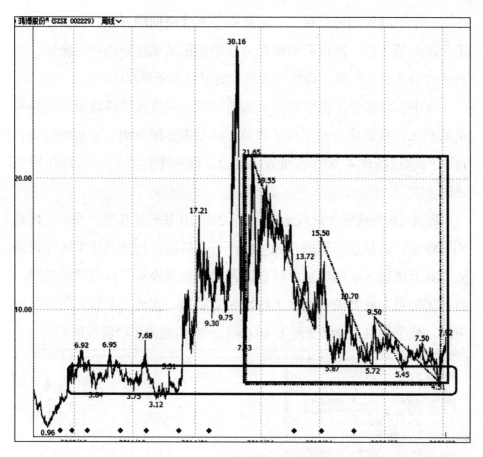

图 4-25　聊天记录里的截图

　　果然，在经历一个 2 浪调整之后，迎来了暴涨的第 3 浪，严格地说，暴涨行为发生在③浪 3，发生在 2023 年的 2 月份。

　　伴随着这个暴涨，大家也知道了是因为 ChatGPT 的题材，但稍有经验的投资者都知道，题材消息的明朗化一定是在股价发生变化之后，而战·体系发现这只股票是在 2022 年的七八月份，并在随后的线下交流时给大家做了公开解读。

　　解读的重点与任何消息无关，事实上当时并不知道后续会有什么题材，其实也并不关心将会有什么题材出现，解读的重点是周期与形态关系：周线级别复合结构的形成，代表的是一个熊市周期的结束。

　　市场的公理告诉我们——涨完了跌、跌完了涨。

　　一个下跌周期的结束，一定是一个上涨周期的开始，当前已经有了上涨的第①浪，所以后面的机会在第②浪的调整形态何时做完，当真正的第③浪出现时，必然会有相关的消息出现在媒体上。

　　其中有位同学深得结构买入法的精髓，一直在等待着最佳进场时机的到来，最后成功地买在了③浪2的结束，即③浪3起步的位置，这位同学进场成本6.93元就在③浪2，即一个标准的多头结构完成之时。

　　图4-26是鸿博股份截至2023年2月10日的日线图，当天正好是周五收盘，这是这一周的第四个涨停板，然而，价格到这里才仅仅是处在百万图第3框的加速阶段。读者朋友如果理解了百万图的逻辑，自然能知道上涨并没有结束。行情在之后的一周转入了百万图的缓速阶段，整个③浪3最终涨到了16.66元，然后转入了阶段性的调整。

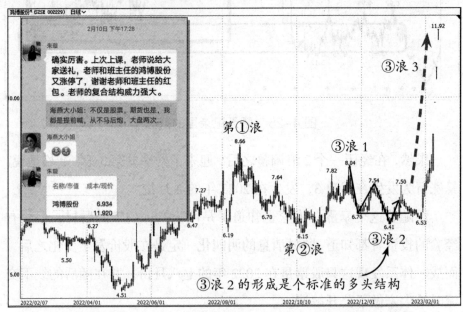

图4-26　截至2023年2月10日鸿博股份的日线图

　　要注意的是，当前这一波行情涨完了，还不会是真正的涨完。

　　为什么？

　　因为从波浪理论来讲，这一波涨到16.66元最多只是第③浪的结束，虽然市场上确实有很多股票就是在第③浪结束时，结束了整波趋势，但那是因为周期转换的对应关系上，周线级别下跌趋势没有结束。

所以从周期的对应关系来看，前面已经经历了 7 年之久的熊市下跌，复合结构形成在周线的级别，是周线级别的下跌趋势的结束，对应到 2023 年 2 月份这波涨到 16.66 元的行情，才只是日线级别的上涨，并且日线级别的浪形也不完整。

因此，如果股价仅涨到 16.66 元便结束整个趋势的上涨，那么这与复合结构所形成底部的周期，不是一个对等级别的周期对应关系。

这种周期上的逻辑关系很容易推导出一个结论，即在一个完整的调整结束之后，必将（至少）还有一波创新高的行情，而幅度上的估算至少将有 30%，或会是在 30% 至 100% 之间。

于是按照战·体系百万图的分框逻辑再次告诉大家，这个调整符合第 4 框的特征，调整完成之后还将会有至少 30% 的预期。

当价格从 16.66 元跌到 11.99 元之后，一个小时级别的复合结构已完整显示出来，在 2023 年的 3 月 20 日笔者再次作出提示，如图 4-27。

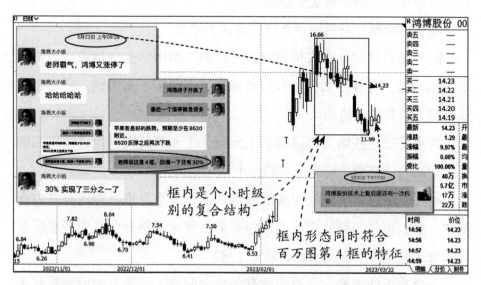

图 4-27　截至 2023 年 3 月 22 日鸿博股份最新收盘 日线图

3 月 21 日即形成了一个 15 分钟的多头买入结构，然而没想到的是股价竟然以三个连续一字涨停板的方式，把30%的预期实现了，知道它会涨，因为这是逻辑上可以推导出来的，但不知道它会如此暴力创新高。

逻辑推导，是一件非常有意思的事情。

在《遥远的救世主》里有这么一段情节，一个黑恶集团的二头目王明阳落网了，但这个人高学历高智商也精通法律，心理素质非常强，所以，知道自己无论认不认罪都是死刑的他，面对审讯一言不发，因此办案人员也很头疼。

于是身为办案人员的芮小丹请教男主角丁元英：一个心理素质非常稳定的死囚，现在需要让他开口说话，有可能吗？

丁元英说：理论上讲只要判断正确就有可能，但在判断的实践上通常会有错误，所以可能的概率取决于错误的大小。

最后芮小丹凭着丁元英的指点，成功地让王明阳招供了。

这本书被拍成了电视剧叫《天道》，这个情节其实就是讲了一个逻辑推导的故事：只要你能判断正确，用正确的方式审讯，在逻辑上就可以推导出王明阳肯定会招供。

这里的判断，是指用什么样的方式去审讯。

刚开始时其他办案人员面对不开口的王明阳，生气地大声厉喝：敢做不敢当，你算什么汉子？！却换来了王明阳不屑地说：我不跟你这种没有修养的人讲话。

芮小丹把这些情况都讲给了丁元英，丁元英其实很快就做出判断了，判断的依据则是贯穿全书的一个词——文化属性。

属性，是对事物底层逻辑的高维认识，天下万事万物皆有其内在规律，股票市场与期货市场当然也不能有丝毫的例外，其中最底层基础的规律就是——涨完了跌，跌完了涨。

一个真正的涨势，无论中途有多少个调整，虽然有的调整看起来像下跌，但最后都会被证明是调整，在调整结束后一定会继续涨，一定要把上涨的趋势走完后，真正的下跌才会开始。

跌势真正形成后，中途也会有反弹，有些幅度大一些的反弹看起来也像是上涨，但仍会被重新下跌的结果证明那只是反弹，反弹结束后会继续下跌，直到最后把整个下跌趋势走完。

这其实就是市场的属性，或称之为牛熊的属性，或称之为趋势的属性，一只股票真正的趋势，如果兼顾基本面和技术面，即至少应该体现在周线的级别，鸿博股份在长达7年之久的下跌，以周线级别的复合结构为形态标志，终于把下跌的趋势走完了，这时在市场属性的层面上，是确定为下跌的趋势已经走完了，那么根据周期的逻辑对应关系，则应是以周线为周期的上涨趋势正式开始了。

当价格涨到16.66元的时候，根据百万图的分框逻辑，这时的价格已运行在日线级别第3框的第二部分，即主推动段的缓速推动段，那么接下来价格将去向哪里有两个选项。

选项一是直接见顶转入跌势，毕竟这种走法也很常见，很多股民朋友都经历过这种赚钱时很开心，但结果由赚变亏再被深套的走法。

但由于鸿博股份这只股票本身在周线级别上的趋势已转为上涨，所以逻辑上可以排除这种走法的选项，则选项二是日线转入百万图第4框的调整，但周线级别的趋势并不能表明上涨已经结束。

所以综合日线百万图分框步骤与周线级别的趋势两方面，即可以很容易推导出一个简单的结论：第3框的上涨行情结束了，价格即会转入第4框的下跌，但这下跌不会演化成真正的跌势，因为周线级别是涨势，所以在16.66元之后的下跌，只能是调整的性质，在调整完成之后，（至少）还有一次机会。

这是逻辑推导的第一步，先定性。

第二步是定量目标位，目标位的算法有两个步骤，一是先找到调整结束的位置，二是在调整结束的位置向上计算离16.66元有多大空间，如图4-28。

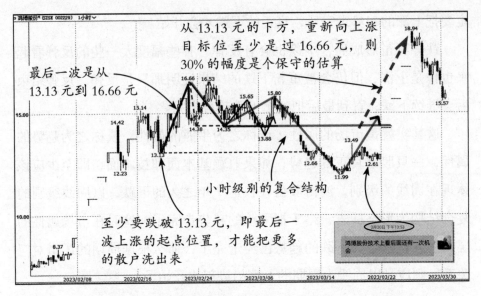

图 4-28　鸿博股份逻辑推导中的几个要素　1小时周期

在 1 小时周期图上可以看得更清晰，价格从底部起来的主升浪高点是 16.66 元，主升浪内部的最后一小波上涨的起点为 13.13 元，则从16.66 元向下回调可以理解为洗盘，为达到洗盘的有效效果，至少要将13.13 元附近的筹码全部打出来。

市场里确实有相当一部分技术分析派会将止损设在 13.13 元这个低点，所以为了达到有效洗盘的目的，跌破这个低点是个必要的条件，这样在没跌破之前就可以进行逻辑推导了。从 13.13 元之下的某个不用低太多的价格，大致估算一下重新涨过 16.66 元，且过 16.66 元后也不应该立即掉头，所以至少应该是在 30% 的幅度。

理论上只要判断正确，你所推导出的结果就有可能实现，但在判断的实践上通常会有错误，所以可能的概率取决于错误的大小。

错误越大可能性越小，错误越小可能性越大。

正确的判断来自正确的分析，正确的分析需要抓住事物发展过程中的各种信息要素，信息量如果不够，很难做出正确的分析，信息量如果过多，则也可能让人真假难辨，重点在于抓取事物发展过程中的主要矛盾，建立已知事物与未知事物之间的联系一定要从底层逻辑入手。

底层逻辑的基础原理推演到最后，一定是简单的，这是道。

市场的道，就是涨完了跌，跌完了涨，上涨的过程中也肯定会有调整，但调整完成后一定会沿着原趋势继续运行。

当价格跌破 13.13 元之后，首先要清楚的是洗盘的必要条件已经达到了，实际上价格到了这里就可以随时结束调整了，但在形态的完整性上可以再等等，其实也没等多久，很快在小时级别上复合结构就形成了，这是市场的体势语言，明确地表明调整已经完成了。

所谓身体是诚实的，体势语言是我们日常沟通当中一种重要的语言，它既可以用来表达对口头语言的肯定，也可以表现出与口头语言的口是心非，如果我们会观察表情，就可以更加容易分辨出来某人的话是真心话还是场面话。

如果说一根 K 线是一个汉字，两根 K 线是一个词，十根 K 线是一句话，那么上百根 K 线就可以是一篇文章的一个段落了，这样以某一个一段时间内明显的高点或低点作为一个起点，每多出一根 K 线则其表达的意思越接近完整。

我们可以把一波趋势行情当作一件大事发生，如果想做一件大事通常不会仅在事前用一句话就交代完了，而是需要反复交流沟通或是以达到一篇文章的字数才能说明白。

把这个思路代入到市场里，我们要听其言、观其行，当市场以口头语言一而再、再而三地说他要下跌，但每次向下突破时却只跌那么一点点，即使多跌了一点但又很快勾头上来了，那么我们应该有个起码的判断是他的身体不诚实。

如果口头语言告诉我们是下跌，但是体势语言却告诉我们向下突破后并不会跌太多，我们需要更相信哪一种语言？

毕竟市场还有假突破、洗盘、诱空等概念，可以用来解释体势语言为什么与口头语言不相符。

　　对于单向做多的股民来说，好的进场点从概念上来说就两个，一是下跌的结束点，这是一波趋势真正开始上涨的起点，二是本身在涨势中的调整结束点，这是一波趋势在中途的重新上涨的起点。

　　所谓低吸，如此而已。

第五章　牛市与涨势有什么区别

如果仅仅依赖感性经验，人类永远不会发现地球围着太阳转，而"日心说"的发现，恰恰是哥白尼大胆地运用理性计算和推理的结果。

伦敦镍，用一天走完牛市

国内商品期货的镍在 2015 年 3 月份上市，在这个时间点对应外盘镍的图表看，正处于镍这个大宗商品十年熊市的最后一段，最后见底在 2015 年年底之前，但伦敦镍稍迟一点拖到了 2016 年 2 月份才最后见底，这一波熊市的起点在 2007 年 5 月份，熊市的起点当然就是上一波牛市的结束点。

而上一波牛市是从 1998 年年底开始的，总共用了九年的时间，如果在开始的时间之前和结束的时间之后，再加上一点确认的时间，这样一算镍的一轮牛熊转换，取个整数，就是二十年。

镍作为大宗商品在这二十年中经历的牛熊转换，用美林时钟投资理论来描述，经历了复苏、过热、滞涨、衰退的四个周期，熊市的最低点是衰退到极致时开始复苏，牛市的最高点是大宗商品作为最佳配置，从最佳到过热，最终过热到了极致，物极必反掉头转入熊市。

从大类投资的角度看美林的四个周期，大宗商品是衰退期的最差配置，投资债券是比较好的选择，复苏期的最佳配置是股票，这个时期大宗商品仍处于最差配置的地位，而从复苏期转入到过热期时，大宗商品一跃超过股票、现金、债券，成为最佳配置，这也解释了为什么很多商品期货牛市的延长浪在波浪理论中的第 5 浪。

波浪理论的基础在股票市场，通常情况下延长浪在第 3 浪。但把波浪理论运用到期货市场，当投资者看到延长浪时，第一反应会认为当下正处在第 3 浪中，想象着理论上还有一个第 4 浪的回调后，再次向上运行第 5 浪超过当下延长浪的高点。

但实际上当下就是第 5 浪，这是经济上行与通胀上行共同作用下的过热时期，一旦这个过热的状态达到极致，在经济与通胀之间必然是经济率先转入下行。而经济由上行转入下行，则是通胀达到一定程度的必然结果，一旦转入下行则意味着整个下行周期开始了，这时即使通胀还在继续上行，但大宗商品的期货行情却由于在延长浪的过程中，已经透支了经济上行与通胀上行的过热，双重因素投射到市场里，再加上多头情绪的助燃，就会将期货的行情推向牛市周期最后的顶峰。

所以过去的一个牛熊循环的周期，体现在大宗商品镍的身上历时了二十年，这二十年的时间是全球性政治经济社会活动起起落落的综合表现，是从衰退到极端再走向过热到极致的一个周期的循环。

2015 年，镍在国内期货市场上市后，笔者参与过那段时间熊市末期的尾部行情，这之后的几年虽有关注但一直没再在镍上做过一笔交易。这当中也有国内镍夜盘时间到半夜 1 点才收市的原因，如果没有确信把握的波段机会，谁会愿意守在夜盘的电脑前，并且还要到下半夜。交易只是生活的一部分，交易是为了更好地生活，不能为了没把握的行情去熬夜透支身体健康，是吧。

直到 2022 年镍的图表形态重新真正地引起重视，因为在 1 月份其价格有效向上突破了 2019 年的高点，这中间曾在 2021 年年初突破过一次，但那次刚突破就又跌下来了，未形成有效突破。

2019 年的高点是自 2015 年以来的最低点涨上来的，根据这几年的行情虽然知道它已经转为涨势，可是从交易的角度来说并不好做，因为总体上呈现的是震荡式上涨。但这几年时间的上涨在形态上是个标准的 5 浪模式，因此这一年的高点可以定义为波段性高点，后面两次的突破均以 2019 年的高点为定位参照。准确定位参照点在图表分析中尤为重要，因为波段性的高点在某一周期里，本身就是这个周期的上涨趋势的最高点，当价格经过有效回撤后，在后面的某个时间突破这个高点时，代表的是上涨趋势的周期升级了。

比如说在小时级别上有个 5 浪式的上涨，然后价格回撤了这整个 5 浪上涨幅度的一半左右停止下跌，再次向上涨并突破这个 5 浪式上涨的高点，假设是有效突破，即代表上涨的趋势进入了日线级别。

同理，日线级别 5 浪式上涨的高点，在经过回撤后重新向上突破，则涨势的周期升级到周线级别。

　　镍，在2021年年初的第一次突破，从技术分析的角度来看，很像是一个试探动作，点到即止，很快就跌下来了。然后重新震荡式向上再次摸到高点附近，已是半年之后了。这次维持了三四个月的时间在高点附近来回震荡，这一表现应该是让某些懂基本面的市场人士认为是价格已处在高位。

　　如果没有后来的大幅上涨，仅仅以2021年年底的时间点向历史看，价格也确实处在过去十年间的高位，如图5-1。

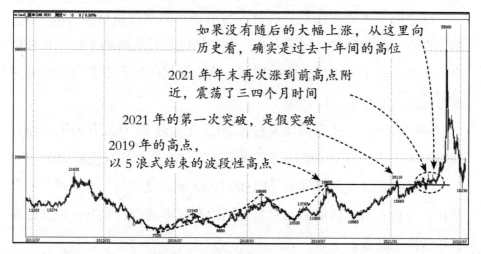

图5-1　外盘镍从2016年见底到2022年牛市结束　周线图

　　实际上，价格走到图中画圈圈的地方即2021年的年底，笔者已经留意到了，因为这时的形态已经达到经典图谱"高位两次半"的战法标准。这是一种经典的牛市战法模型，但由于这种模型形态体现在周线级别上，所以也不必急于进场，也正是因为它是周线级别，必须在日线级别以下的更小周期去找合适的进场位置。

　　需要耐心，用耐心去等待的不仅仅是精彩的进场点，更是在等待中去观察小周期形态的演化，符不符合刚开始留意时的判断。

　　如果判断正确，后市的价格必将在这一段时间的震荡之后向上做有效突破，因为周期（比较大）的关系也不可能在突破后直接不回头地拉涨，所以在有效突破后必然会出现前文已经论述过的百万图第2框的气口区回调。

这个回调的盘口特征是否符合气口区的规则，既是验证前面的判断正确与否，同时也是一个一出手就赢的进场位置，但毕竟是周期比较大，期货的杠杆交易性质仍然需要在更小的周期里耐住性子。

直到2022年的1月份，镍的价格终于向上做了有效的突破，从交易的角度来说，如果在突破之前没有进场，那这个突破就只是看着就好了，战·体系不会去追突破。

以突破方式产生的趋势行情，与第三章的鼎胜新材（见图3-1）第二个百万图的趋势方式不一样，那种情况是日线级别本已处在涨势中，中间经历了一个反转式的回调，这个回调的形态以复合结构的完成为标志，展开第二轮上涨。

同样的例子，还有鸿博股份在2023年4月24日展开的第二轮日线级别的上涨，也是调整完成后直接拉涨，这个调整是指从2023年3月27日的18.94元跌到4月24日的12.15元，这是另一种形式的复合结构，此处不再具体附图，对复合结构有兴趣的读者朋友可以自己在行情软件上查看。

回到镍，镍在这里的突破，不是"第二轮上涨"的定义，而是"周期升级"的定义，没突破之前的上涨属日线级别的涨势，但突破之后继续向上涨，则是日线级别涨势升级为周线级别的涨势了，周线级别的趋势可称之为牛市，而只有是牛市的定义，才能与前面的十年熊市形成周期上的对等级别关系。

周期转换的对应关系，是市场属性。

有效的突破发生了，首先可以说明"高位两次半"的牛市判断是对的，紧接着应该有个回调，这个回调的幅度要达到的效果，是把追突破进场的大部分投资者吓出来。

回调如期而至，并且在回调中还发生了一个单日跌停板，这种K

线的洗盘效果应该是最好的，但跌停板之后的几个交易日价格并没有再继续向下，这是市场在验证第二次判断——回调，做气。

突破之后的回调，其回调的最低点一定要与突破线之间留出一定空间的空档，这叫气口。

正如前面提到的，笔者自国内镍在 2015 年上市时，曾参与了一段熊市的尾部行情，在那之后直到 2022 年年初，都没有再在镍这个品种上有过交易，毕竟已七年之久没有专注跟踪，所以笔者是慎重的，但一前一后两个判断相继被市场验证，这时基本没什么太多好担心的了。

于是在 2022 年的 2 月 7 日的夜盘时间，笔者在与朋友们聊天时公开表达了自己的看法，见图 5-2。聊天截图里附了三幅图，第一幅图是当时的伦敦镍与郑交所的动力（郑）煤叠加在一起的比较。动力煤显示的是 2021 年 4 月份发生的一波行情，也是价格从下方向上突破前面一个波段性高点，突破后回调做出一个标准的气口，从回调结束点，即气点，直接涨了两百多点，见图 5-3。

这种行情的特点，就是在没突破之前分析图表时，很可能出现的情况就是主观认为前高点的价格很高了，所以当价格再涨到前高点附近时，或许认为这个位置是个逢高做空的好位置，很多投资者都吃过这个亏。

战·体系应对这种行情的方法是气口战法，因为这种类型的行情几乎总是会在突破之后有一定的有效幅度后，杀个回马枪回调，这个回调的表现是观察的重点。

这时可以作两个假设。

第一个是假突破真见顶，那么行情即是在向上突破后不久就会掉头向下，价格向下将跌回到突破线，或许在突破线处稍受支撑，反弹一下再次跌下去。

第二个自然就是真突破，真突破则可以代表在突破线之上，作为一个新的起点再向上涨（至少）一个波段的幅度，而这个波段的预期至少符合百万图涨势第 3 框的幅度特征。

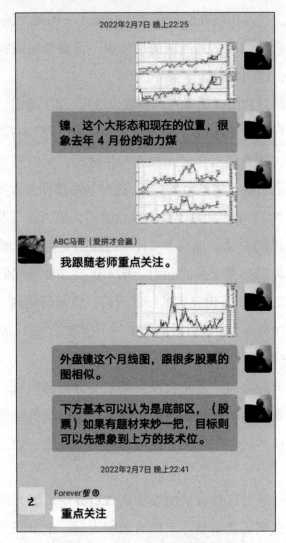

图 5-2　2 月 7 日的聊天截图

重点是观察回调的表现，如果第二个假设是对的，那么这个回调的盘面特征，一定会符合战·体系气口区的定义。

图 5-3 上半部分是动力煤 1 小时周期，下半部分是伦敦镍日线图，周期不一样不要紧，特定形态所预示的盘口意义适用任何周期，动力煤的图表显示的是已经完成做气和之后的上涨行情，伦镍图表的结束处画了一个框，对应着动力煤画框的位置，意思即是镍后市的行情按

动力煤已有的表现预期和想象即可。

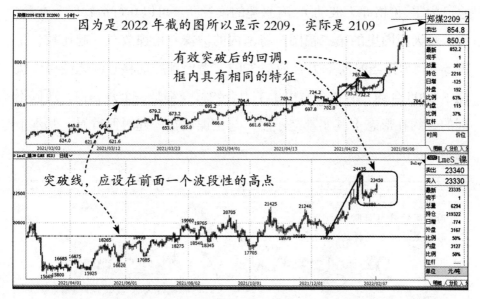

图 5-3　2022 年 2 月 7 日伦敦镍与动力煤已发生过的行情比较

这幅图上半部分的动力煤 2109 合约的行情没显示完，当时这一波从气口处向上涨，在日线上连拉了 9 根阳线，仅仅这一段就涨了两百多个点，按保证金算即是两周的时间本金翻两倍多的概念，这一波行情结束后调整了几个月，到了 9 月份发生了一件可能很多朋友还记得的事，因为这样的事情并不常发生，就是全国范围的拉闸限电，直接让工厂错峰用电。

为什么拉闸限电？

各大媒体纷纷报道解释是因为缺煤，要知道中国的发电主要就是靠火力，缺煤可是件大事，这样使本就处在涨势中的当时动力煤 2201 合约，直接从 900 点起步涨到了最高 1982，这一波也仅仅历时 1 个多月，价格涨了 1000 多点，这是什么概念？一手的保证金大约 1 万元，波动 1 个点就是 100 元，涨 1000 点即是可以直接翻十倍的利润。

而这一波仍然符合战·体系气口战法的回调精准买入，也是因为这一波炒作得过头了，考虑到这类大宗商品暴涨暴跌都会影响到国计民生，监管层上调了交易费率使之不能再过度炒作，现在此品种的持仓已为零，价格亦无波动了，有兴趣的读者朋友可以在行情软件上查看。

聊天截图里的第二幅图是将国内的沪镍与伦镍放在一起比较，见图5-4。沪镍当时的主力合约是2203，考虑到后期移仓问题图里直接用了2205合约，有色金属由于主力合约移仓都是一个月一换，所以不同的合约在形态上其实都差不多，与伦镍放在一起对照着看，基本上也是同步的。

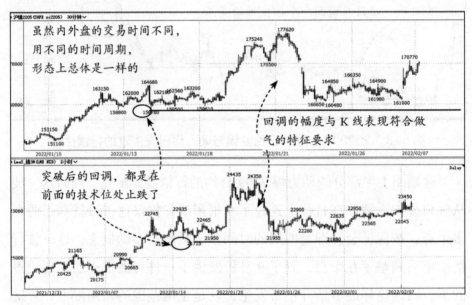

图5-4　2022年2月7日伦敦镍与国内镍2205合约对比

聊天截图里的第三幅图是单独的伦镍，用月线图显示出超过二十年时间跨度的行情，见图5-5。图中画了两个横向的长条框，下方的框说明的是右边的最低价已经触及二十年前的低位，基本可以认为从最高点下来的熊市周期已结束，上方的框是指牛市周期正式展开后，以当下价格向上预期的第一目标位。

在图5-2截图里的文字说明也比较直白，底部确定已形成，后面就是怎么涨的问题，如果当时还没有题材，价格也会先涨起来，但作为牛市周期刚开始的上涨不会太顺畅，但不太顺畅的上涨恰恰可以作为第一波上涨。这同时也可以说明真正的行情会在下一波，那么不太顺畅的第一波与真正正式上涨的第二波，其间还会有一个回调。

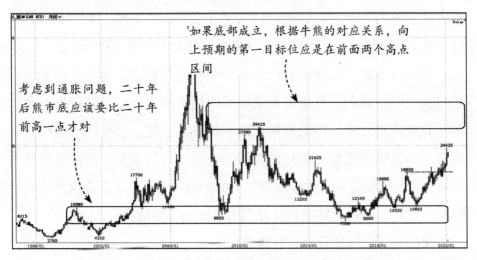

图 5-5　2022 年 2 月 7 日伦敦镍与国内镍 2205 合约对比

第一波即是波浪理论的第 1 浪，中间的回调是第 2 浪，然后第 3 浪才会是真正的行情，通常情况下第 3 浪一定会有相应的题材被媒体报道出来，但通常情况一定是第 3 浪先涨起来后，大众才能从各媒体看到相关的消息，这是图表本身可以提前预示出来的。

因为这种大周期的 K 线图表，以超过十年计跨越牛熊的周期，在这样的周期跨度里，价格的涨涨跌跌在包容、消化各种极端的利多或利空后，已形成了自己的规律融入了市场属性。

这种图形在股票里也经常能看到，前文提到的在 2022 年 8 月份发现的鸿博股份也是这种原理。鸿博股份的第一波就是一个不太顺畅的上涨，然后经过一个 2 浪的回调，真正的第 3 浪是到 2023 年 2 月份才正式开始，而 ChatGPT 的题材概念是在第 3 浪发生后才被市场大众获知。

图已至此，重点关注。

接下来就是各自找位置随时准备进场了。但毕竟此图形态周期比较大，在接下来的一段时间里走得并不顺畅，如果在心里没有对牛熊的理解，没有对周期转换的理解，很可能会因接下来十多天的盘中震荡而失去耐心，也容易对未来产生怀疑，所以每天的持续跟踪分析是少不了的。未来只有两种可能，要么判断错了，后市会重新跌下来，要么判断对了，行情会如预期般涨上去，市场也只能在这两个方向中二选一。

而图已至此，形态本身已经有一个明确的标准，即百万图第2框给出的气口区规则，气点的形成即是回调的结束点，只要价格不再回到气点处，则二选一中的重新下跌不作考虑。这一点可以作为给确定性再上个保险加把锁，换句话说就是气点之后的多头无论进场在什么位置，最大的风险只是成本价距气点的距离，但如果不发生这个风险，则意味着向上可以预期的是百万图第3框的完整高度。

保持耐心，保持定力，等待着……

直到二十天后的 2022 年 2 月 26 日，这一天是周六，又是一个深夜时分，再次把镍的最新行情图发到群里，在这个行情图上面叠加了一张图，如图 5-6、5-7。

重点是叠加在最新行情上面的图，这张图就是本书的第一章的第一幅图，"市场的百万图"，叠加在上面只显示了一半，完整的图见图 1-1。

注意看图 5-7 里画的 4 个框，两两对应关系，在镍截止到 2022 年 2 月 26 日的最新行情所形成的形态里，下方框住的区域对应的是百万图气口区的回调结束位置，上方框住的区域对应的百万图里即将进入第 3 框主推动段的最后一次小回调。

价格此时已如箭在弦上，弓已拉满，松手即飞。

……

图 5-6 2 月 26 日聊天截图

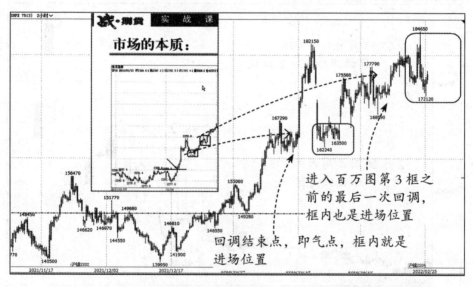

图 5-7 2022 年 2 月 26 日凌晨 1 点收盘后 沪镍的最新行情

图 5-8 把伦镍与沪镍当时日线的时间轴对齐，新的一周开始后价格便涨起来了，刚起步时表现得还算稳当，但伦镍的涨法眼看着越来越不对劲儿了，在图中数一数最后总共只有 5 根阳线，一个比一个大，最后一根竟然犹如孙悟空的金箍棒似的直插云霄，当天的价格已超过

了上一轮牛市的最高价。

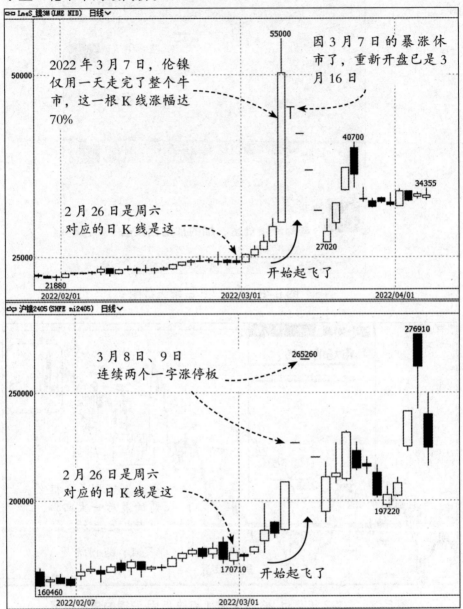

2022 年 3 月 7 日, 伦镍仅用一天走完了整个牛市, 这一根 K 线涨幅达 70%

因 3 月 7 日的暴涨休市了, 重新开盘已是 3 月 16 日

2 月 26 日是周六对应的日 K 线是这

开始起飞了

3 月 8 日、9 日连续两个一字涨停板

2 月 26 日是周六对应的日 K 线是这

开始起飞了

图 5-8　2022 年的镍, 是个被玩坏了的牛市

就在这一天, 仅用了这一天, 伦镍把这一轮牛市走完了, 这一天是 3 月 7 日。

由于沪镍有涨跌停板制度, 所以沪镍当天只能收在涨停价, 第二天,

3月8日，是直接一字板封涨停。这天关于镍的各种消息达到了前所未有的密集度，消息的焦点主要是指向国内的某现货企业。

传言在2月份，伦敦交易所的镍空头持仓有一半在国内某现货企业手里，此企业仗着自己在印度尼西亚的镍产能，以为可以肆无忌惮做空，但是此企业在印度尼西亚的镍产出不符合期货的交割标准，这是做空者们最大的隐患。

为了解决这个隐患，此现货企业买了俄罗斯的镍现货，以为可以用于交割，防止被人逼空。

但是到了3月份时，因俄乌战争的乌东之战，伦敦交易所以制裁俄罗斯之名，直接把俄罗斯生产的镍踢出了交割范围，因而此现货企业手里持有半数的期货空头仓位，但已经没有可用于交割的现货，因此多头恶意逼仓的条件已完美达成。

对于用了如此手段的伦镍多头，当把俄镍借制裁之名用行政手段踢出交割品范围时，至少可以说明俄镍原本是符合伦交所交割品级标准的，然而俄乌战争又关大宗商品的品级何事？

牵强的理由、拙劣的手段，当俄镍被踢出交割范围之时，"恶意逼仓"之心已昭然若揭，此时对于主动逼仓的多头来说，是底牌既已亮出，紧接着下一步最关键的就是时间了——要快！

因为如果此时只是慢慢拉涨，空头在已知自己无货可交的情况下，肯定会在亏损还不是太大时抓紧时间止损出局，所以此时，绝不能顾及吃相优不优雅了——要快、要快！

要快到空头想止损都没有时间，于是我们看到了2022年3月7日这天，伦镍的涨势犹如孙悟空的金箍棒一样直插云霄，仅仅用这一天的时间，把整个一轮牛市的后半段走完了。

但由于这一天的涨法实在是玩过头了，伦镍在当日收盘后临时停牌了，但各大媒体仍在报道事件的最新情况，本文再附一则当时的新闻截图，以让不了解当时情况的读者稍窥事件一二，见图5-9。

图 5-9　2022 年 3 月 8 日的新闻截图

看着这样的新闻报道，笔者也无法给出恰当的评价。

从战·体系的角度看价格走势图，在逼仓事件实际发生的一个月之前，即 2022 年的 2 月份，就感知到镍的大行情很快要来了，这种感知力如果不作细节上的具体解释，可以用一个大多数人都经常讲的词来概括，叫盘感。但如果进行具体解释，那么本书的所有内容都是细节展开。

所以这种感知是通过市场属性，按牛熊周期的转换逻辑作为基础理论，推导出即将会有大行情要发生，但也只能推导出百万图第 3 框主推动段的预期，这种预期再顺畅也只是主升浪性质的连续性多个阳线，而绝不是只用一天时间一根 K 线解决一个牛市。

虽然也知道预期中的第 3 框行情发生后，根据"市场会提前于消息"的规律，必然有相关的利多消息会在后期见诸相关媒体，但也绝不敢想象这利多竟然是如此强盗式地直接修改游戏规则。

……

由于伦镍 3 月 7 日一天的涨幅达到 70%，虽然第二天停牌了，但沪镍仍然连收了两个一字板之后，才将多头的情绪消退，后面沪镍到了 3 月 25 日再创新高，结束了沪镍这一波牛市的最后高点。

后面这一天创新高，可以从时空互换的角度来理解，因为沪镍在 3 月 7 日、8 日、9 日这三天，虽然都是涨停，且因扩板制度使三天的总涨幅达 40%，但毕竟还是距伦镍的涨幅差了一大截。

因伦镍停牌而在沪镍上消退的情绪，最后还是换到了数日后，用再创一次新高的方式，对 7、8、9 三日不足的涨幅作了补偿。

至此，可以确认镍在外盘与内盘的牛市均已结束，这是一个周期的结束，所以新的一个周期又开始了。

镍的回光返照

时间到了 2022 年年尾了，此时的镍已经经过了熊市的第一波下跌，这波下跌的最低点跌破了年初上涨的起点之下，即 2022 年 2 月份在气口位置的起步价。一直跌到了 7 月份，在 7 月中旬止跌后又开启一波跨度为几个月的上涨，然而就是这一波上涨，随着价格的越来越高，越来越多的人认为镍仍然身处牛市中（见图 5-10）。

笔者自 1999 年进入市场，此时已有超过二十年的市场经历，当然深知牛与熊的意义，牛市既然已经结束，那么牛市的最高点就是熊市周期里的任何上涨都不可能再触及的高峰。

这犹如大自然在春夏秋冬的循环里，气温会在夏季的三伏天达到一年中的最高度数，然而三伏天最热的那一天过后，气温会慢慢下降到一年中的最低度数，实际上在三伏天之后还有一段气温短期上升的时间，生活中我们叫那段时间为"秋老虎"，但我们都很清楚地知道秋老虎再怎么热，温度都不会高过三伏天，这是大自然的规律。

镍到了 2022 年年底时，当时的主力合约是 2302，在图 5-10 里上半部分是 2302 合约，下半部分是主力合约的连续图，同样是时间轴对齐，这波当时被认为仍身处牛市的上涨一直持续到 2023 年元旦后，2302 合约当时的最高价已超过图中所示的肩膀的位置，但这个价格体现在主力连续的图里，回头向肩膀的位置看，并没有达到肩膀的绝对高度，这是因为那时形成的肩膀高点的主力合约实际上是 2205 合约。

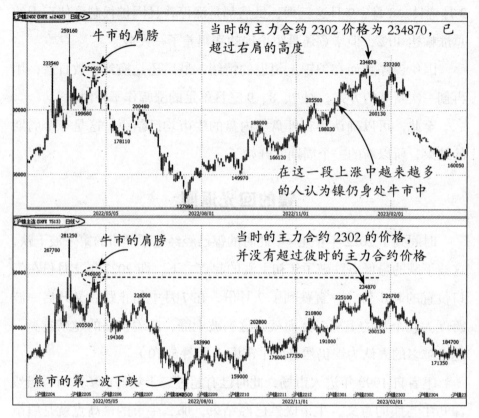

图 5-10　2022 年年末的上涨，主力合约本身与主力连续稍有差异

所以，投资者如果在分析图表时遗漏了这个细节，就可能会造成逻辑上的不完整。如果当时眼睛只盯着当时的主力合约 2302，眼看着价格涨过了本身的右肩膀，即牛市的次高点，顺着当时上涨的方向向上稍一想象就是创新高，创牛市最高点的新高。

然而这里的价格过右肩，实际上是虚的，你若找到真正右肩形成时的主力合约价格，那才是实打实的牛市的肩膀。

当然，我们可以给这一波价格的向上运动定义为涨势，但这只能是小时级别的涨势，这样的涨势放在日线级别里定义就不一定是涨势了，而放在牛与熊的维度里，它的定义只能是反弹。

涨势与牛市，不在同一个周期维度里。

反弹，是有边界的，反弹的边界是牛市的肩膀，你不可能超越这个边界。这个逻辑可以告诉我们市场未来将走向哪里。

你只需要确定一个事实，就是牛市是不是结束了，在镍的这个案例里，牛市的结束至少可以从两方面来确认。

一是图表本身，即为期二十年跨度的牛熊循环，上一个牛市周期最终高点的形成，一定是综合了上一个二十年里所有的各种经济、政治、通胀等利多因素，市场再给予情绪助力才形成的，我们只需要看图就可知已知的结果，当市场再次循环到一个新的牛市时，它一定会参照前一个牛市的高点。

二是当下这个高点的形成，是在俄乌战争的背景下，出了一个临时修改游戏规则恶意逼仓的事件，这种事情具有特殊背景下的偶然性，不可能刚刚发生之后再制造一次，但仅仅这一次已经把逼仓行为推到了极端，这样的在一根 K 线上做出 70% 的涨幅，笔者翻遍所有商品这么多年的价格走势图，历史上从来没发生过，而这种行为也不具有可复制性。

所以将两点综合在一起，完全可以确信牛市已经结束，接下来毫无疑问一定是为期长达数年的熊市周期。

熊市刚开始时，市场里的大多数投资者并不能很快地反应过来，正如牛市的初期散户认不出来是一个道理。通常情况下无论是牛市还是熊市，也无论是级别不大的涨势或跌市，只有当行情行至后半段时才会被市场的大多数投资者认可。而市场的另一个事实是，当被绝大多数人都认识到当下是个确信的牛市（或熊市）时，参与的热情将会被极大地调动起来，然而这才正是行情快走到头了的市场表现。

所以你只需要确定一个事实，就是牛市真的结束了，这将成为你熊市的信念，这个信念会指导你在 2022 年下半年至年末的上涨中，价格越接近牛市的肩膀，越要更加坚定地看空，价格越向上涨意味着做空的成本可以越高，你要相信反弹是有边界的，价格越接近边界处就越是最后的时刻。

反弹，是不可能逾越反弹的边界的。反弹的边界，是牛市的肩膀。

边界一词，可理解为界线或界限，《三体》里有个地球三体组织叫科学边界，这个组织专门去物色一些地球人类各领域里比较顶极的科学家，通过讲火鸡与农场主的故事，告诉这些科学家，你们人类的科学无论多么发达进步，在农场主的眼里，终究不过是农场里被喂养的火鸡，在"农场的世界"里无论你多么厉害，与农场主都不在一个维度。

地球三体组织是通过这样的故事，告诉人类科学家：你们的科学发展，在当前人类文明的维度里是有边界的。

……

在这一段时间里，除了镍还有一个重点提及的品种是纯碱。

2023 年的明星——纯碱

纯碱是玻璃的上游，2019 年的年末才上市，到了 2022 年也才三年时间，可以算是一个次新品种。

通常情况下，无论是新股票上市还是新的期货品种上市，想要获得市场上众多投资者的关注，一定要以某种理由先做一波像样的行情出来，如果上市时恰逢有相应的题材更好，这样的行情能迅速得到投资者的认可，可以得到众人拾柴火焰高的效果。

如果当时没有正好对应的题材，那么也可以人为制造一个题材，只要这个题材在当时不可证伪，资本就可以利用资金优势在题材被证伪之前，先把一波行情做出来，只要能吸引到足够的人气，这只股票的股性就被激活了，期货的新品种上市同样是这个理。

相反，一个新品种在上市之前，通常都有相关的宣传推荐，人们会在新上市时给予关注。但如果在相当长的一段时间里它表现平平，既没有大涨也没有大跌，人们就会慢慢淡忘它，直到有一天因为所属板块的关系，跟随着有关联的品种一起表现时，人们才会重新来审视它。审视的意思是指还没到重视这一层面，这种情况会有两个结果。

一是题材发生的相关联的品种表现得很好，但这个新品种只是跟随式的表现，并没走出自己个性的行情，那么它其实仍不值得被给予太多的关注。

二是题材的发酵与传导不仅让相关联的老品种表现不错，也能让新上市的品种给人耳目一新的感觉，其表现不仅是幅度上不亚于老品种，并且自己的运行节奏亦具备了自己的特性，这种情况一旦出现应该立马引起高度重视。

为什么？

首先可以在盘面得到一个很明确的信息，即资金已在有序地进入。

有序，代表资金的进入是有预期和计划的，有序的资金才能使盘面的 K 线形态具有很强的技术性。技术性的体现反过来又可以说明资金对盘面的把控在收放上的计划性，计划性则说明不论涨与跌都不是跟随式的，而是资金的主动性出击。

而更重要的是，因为这是新品种，上市之后还没有表现过，所以市场上的大多数人对其并不了解，不知道涨了是为什么涨，也不知道跌了是为什么跌，更不知道其历史的高点与低点在哪里，即使在各种媒体上看到了相关涨跌原因的解读，但也并不能判断出相关题材对其价格的影响到底有多大。对于市场大众来说，一切都是朦胧的。

正是因为市场大众对其不了解，亦是因为新品种没有老资金沉淀在里面，新进入的资金主力几乎就可以称为话事人了，而资金进入一定是对其基本面有过充分的调研，并且能够判断出相关题材将对其价格能产生什么样的影响，在这些条件的基础上，剩下的就是资金的借题（材）发挥了。

纯碱，就是符合这些条件的品种。纯碱在 2019 年年末上市时，玻璃已经走完了牛市的第一波，第一波的结束时间在 2017 年 12 月，从这时开始一直在横盘震荡，直到 2020 年 4 月才开启牛市的第二波，而这时纯碱上市尚不到半年时间。

如图 5-11，因为时间跨度较大所以直接用周线图，把玻璃和纯碱的时间轴对齐，几个高低点的时间节点分别用字母 ABCD 标示。

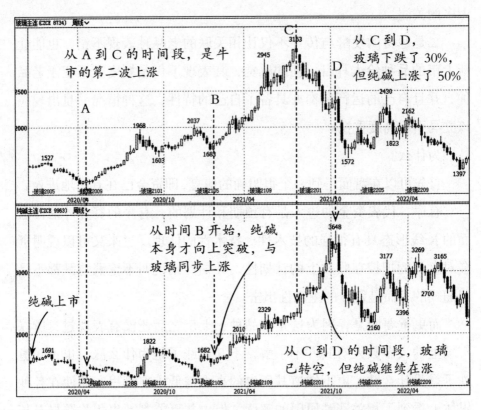

图 5-11　纯碱上市之后与玻璃的走势对比　周线

时间 A 至 B 这一段，玻璃可以称之为上涨，但纯碱只能表达为横盘震荡，从时间 B 开始纯碱在图表上才算正式开启突破横盘状态、进入上涨，直到 C 点两者在上涨的定性里是同步的，但这一段时间，纯碱的上涨幅度看起来并不如玻璃好。

面对两个相关联品种同步上涨的这种差异，如果让投资者选择其一去做多，很自然会认为纯碱只是跟随式地上涨而选择玻璃，这当然也没什么问题。

实际上这段时间里，纯碱在其节奏上已显示出自身的个性，只是在涨幅上不如玻璃，可能会被部分投资者误认为只是跟随式上涨。

但时间到了 C 至 D 这一段，彻底否定了"跟随式"的定调，玻璃在 C 时间点见顶大幅下跌，但纯碱依然在涨并且其态势更显凌厉，就是从 C 到 D 的这一段时间，纯碱做到了让所有人都耳目一新。

这是首秀，非常成功！

从图表上看纯碱的形态从上市之时到 B 这一段，大致就是个横盘震荡的状态，价格中枢处在 1600 的水平，如果一直不突破区间走出一波像样的趋势，不会有太多人去参与它。但从 B 点开始上涨到最高点 D 处，最后的价格涨到了 3600 之上，整整涨了 2000 多个点，在绝对数字上翻了一倍还多。

更重要的是，这是新品种上市以来的第一波趋势。

首秀亮眼，预示着第二秀一定不会让人失望。

首秀发生在 2021 年，这是它在 2023 年可以成为明星品种最重要的一个初始逻辑。

因为与玻璃是上下游的关系，而玻璃经过六年时间已经走完了牛市转空了，所以在这个初始逻辑的基础上，可以推导出纯碱的第二秀必然是下跌的行情。

在图 5-11 里 C 至 D 的时间段，可能有些投资者没想明白为什么二者是上下游的关系，玻璃已经在大幅下跌，而纯碱却在大幅上涨，这难道不是面粉与包子之间的关系吗？

包子因为需求旺盛涨价了，于是包子铺扩大了生产，因此对面粉产生了更大的需求，所以面粉也跟着涨价了，这种需求上的传导关系，使面粉跟随着包子涨价而涨价很好理解，但包子的价格已经在大幅下跌了，为什么面粉还在涨价？

这里就有一个玻璃厂开炉的问题了。玻璃因为本身的需求问题而涨价，价格的持续性上涨必然会使生产商扩大产能，扩大产能就需要新开窑炉，但窑炉一旦点火就必须至少几个月内不能停火。

如果在这期间内因为市场其他因素导致需求不再上升，即意味着新开生产线产出的产能是多出总需求量的，这时玻璃的供需关系已由供不应求转变为供大于求，于是价格自然由上涨开始转向下跌。

但是问题在于玻璃的价格虽然在跌，工厂却不能因此而把炉子停下来，因为停下来会损失更大，所以继续生产就是对纯碱的继续需求，并且恰恰是在这段时间，成材（玻璃）对原料（纯碱）的需求达到了一个需求周期中的最高峰。

最高峰体现在玻璃在扩大产能的过程中，达到了市场对玻璃本身需求的最大值，但产量在超过需求最大值的时候仍在增加，在这样的玻璃生产线上，同样对纯碱有着一个需求周期中的最大需求。

在图 5-11 的 C 至 D 段，在玻璃大幅下跌的同时纯碱却在大幅度攻击性上涨，逻辑即在于此。

实际上对基本面逻辑关系稍有研究的人，都心知肚明如果玻璃的价格持续地下跌，纯碱必然不可能走出独立而不同的趋势行情，亦步亦趋的关系可以确信纯碱一定会跌下来。如果这种思维在头脑中占据主导地位，或许因看到了玻璃的下跌就会等着去做空纯碱，只能说这样的大思路并没有错。

但是就是在这样的特殊时间段里，纯碱的表现会让提前做空的交易者对自己产生怀疑，因为 C 至 D 这一段从 2300 附近开始涨到了 3600，这样的幅度一定超过了绝大多数人的心理预设范围，这是懂基本面的人面对的情况。

因为懂基本面的人虽然可以确信一个事实，即玻璃转空后纯碱必定也会转空，但很难提前想象到在同一时间段内，玻璃下跌幅度达 30%，而纯碱却能上涨 50% 还多。这就是期货让人搞不懂的地方，但也是期货让人着迷的魅力所在。

其中，资金发挥着重要的作用，用一种偏狭义的理解，可以认为是主力资金的借题（材）发挥非常成功、操盘手法十分老辣，如果按基本面理性地看待 C 至 D 这一段的上涨，我们可以认为主力资金把价格炒过头了，但市场博弈的更多细微处体现的是情绪和人性。

让大多数人在认知不足的情绪和人性中犯错，是市场的法则，所以市场才是理性的，感性的仍然是人。

不懂或稍懂基本面的人面对这样的上涨，因为 K 线图表上并没有历史最高价参考，所以对后市到底能涨到哪里心里并没有底，会有两种声音在自己的内心里博弈，一种是趋势跟随型的顺势而为思路，牛市不言顶嘛，另一种是越涨心里越怕的思路，总怕明天就会突然见顶。

在 C 至 D 这一段时间里，价格在市场大众的纠结中不断地攻击性创新高，在玻璃大幅下跌的同时，纯碱的价格越涨导致市场的分歧越大。分歧不仅体现在不同的人群之中，更体现在某一个具体的人内心两种不同想法。

分歧，散发着诱人的魅力。

因为市场大众都会在这样的行情里做心算，心算着假如这一段行情我做到了，我已经赚了多少多少了，这种想象会让人很开心。

所以说，这个首秀，是非常成功的！

宏观经济周期叠加着商品自身供需关系，主导着期货行情大的方向，这一点是肯定不会错的，纯碱最终还是在 2021 年的 10 月 12 日见顶了，首秀结束了，牛市也结束了。

……

第二秀，不会在首秀之后立马上演，但我们尽可以相信，当时机合适时它一定会提前发出预告，就像一部新电影上映之前会在各媒体发布预告一样，或许行情的"预告"二字改为"预示"更合适一些，因为它并不会像电影预告那样的直白易懂，图表是会说话的，但只说给能听懂的人。

时间来到了2022年的年尾，11月初，纯碱连同玻璃以及整个黑色系展开了反弹。

没有人能在11月初就知道纯碱这一波会反弹到哪里。

但是，你若能提前知道它只是反弹，而不是上涨，那么在其反弹的过程中，你一定能比市场的绝大多数人更能保持一个清醒的头脑。

反弹开始了，这时的主力合约还是2301。

刚开始时大家都认为它只是反弹，因为在一波明显的下跌行情刚企稳时，不会有太多人敢在第一时间就直接说它是涨势，虽然最后被行情自身证明为反弹，但在这轮反弹中随着反弹的幅度越来越大，以及时间对耐心的考验，越来越多的人开始转变了看法。

看法由反弹转变为上涨，再转变为涨势，以至于一度认为已经结束的牛市，又重新开始了，如图5-12。

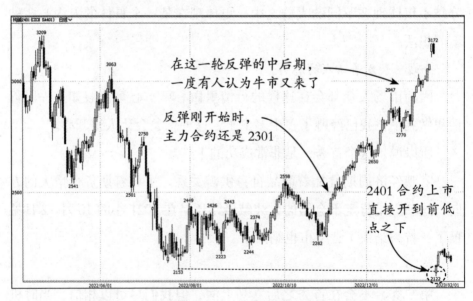

图5-12 纯碱2301一直反弹到合约结束 日线

这是市场里非常普遍的一种群体性心理，做交易其实并不怕看错行情，大家都是人，是人就不可能不犯错，但怕就怕作为交易者没有自己独立的思想主见。

反弹的行情，本身就是价格在向上运动，反弹并非不能做多，只是作为交易者要清楚自己做的是什么级别的行情，因为不同的级别对应不同的预期结果。

反弹持续到了 12 月初的时候，这时纯碱的主力合约已由 01 移到了 05。

此时国民对经济恢复的信心在一点一点增加，笔者不得不根据实际情况，调整对纯碱这波反弹高度的预期。

预期的改变，是高度，也是时间，但不是定性。

反弹的定性，并不会因高度和时间的改变而改变，耐心是一种美德，笔者继续在边等待、边分析。

因此在这段时间里，也意识到一个不知道算不算错误的错过，因为一个巨大的利空因素消失了，其作用相当于是事先没判断出的利多出现了，使反弹的高度高过了原本的心理预期，但这时再想着做多已经不是一个好的决定了，况且虽然价格继续在向更高处反弹，但其在本质上并不能改变反弹的定性。

对，这是反弹！

对于日线级别来说，纯碱的牛市在 2021 年 10 月已经结束了，所以反弹的高度越接近边界，就越是做空的好位置，这个边界——牛市的肩膀——是反弹不可能逾越的位置。

笔者心里非常清楚这市场正在发生着什么和将要发生什么，但讲出来后并非所有听到的人都能理解，即使把诸如周期循环、牛熊转换、趋势规则、位置关系等逻辑都讲一遍，面对 12 月到 1 月份盘面价格的向上运动，仍然会有很多人选择相信这是个涨势。

也对，反弹就是上涨，反弹也是涨势，日线级别的牛市结束后将转入数年的熊市周期，在这期间日线级别无论怎么走都是跌势，所以给纯碱在 2022 年年底至 2023 年 1 月的这波反弹定义为涨势也不是不可以，但需要区分清楚的是，这只能是小时级别的涨势。

小时级别的涨势，在定性上对于日线来说仍只能是反弹，从级别对应关系来说是最大级别的反弹。

反弹，从度上去把握大致可以分为三个层面，一是弱反弹，二是强反弹，三是极限反弹。

极限的反弹则可以从两个方面来把握，一是形态的极限，二是位置的极限，当这两方面交叉在一起时，反弹就走到了弹无可弹的极限。

形态的极限是什么呢？

就是本书开篇便作重点论述的百万图。我们可以把价格向上反弹的运动当作涨势去看待，所以当价格走到了百万图的第3框尾部或第4框的尾部时，即是价格在形态上的表达为一波趋势将走到尽头。

那位置的极限又是什么呢，当然就是牛市的肩膀。

对于纯碱这一波在途中叠加了利空消失相当于利多的反弹，是什么样的一种逻辑关系，笔者心里是非常清楚的，所以直至2023年的1月份反复告诉身边的朋友，下一波最大的空头机会在纯碱。

图5-13是两幅合并在一起的图，上半部分是纯碱主力连续的周线图，下半部分是2305合约。这一波反弹是以2301为主力合约开始的，到中途时主力合约转到了2305，直到2305合约最后找到了这轮反弹的最终高点。

上半部分因为是周线图相对来说视野比较大，尤其当后面单边下跌的结果出来后，再回头看当时的反弹，似乎谁都可以一眼认出那只是反弹而已，但下半部分的日线图，如果没有本书所述的各方面逻辑关系作为基础，看空似乎真的需要一些勇气。

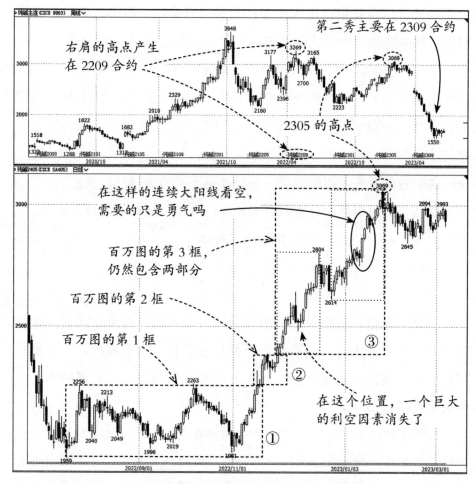

图 5-13 纯碱主力连续周线图和 2305 合约日线图

事实上，当时确实已经有些朋友产生了质疑，也有人在坚持认为牛市还在，因为当时确实还是在上涨。

在下半部分图中标示的百万图第 3 框，在第二部分的中间圈出了几根连续性的大阳线，就是在这里笔者再次表达了"反弹的定性不变"的看法，这似乎已经赌上了笔者从业二十多年的职业声誉。

不说话不行吗？

不，因为很明显，圈出的那几根大阳线，正处在百万图第 3 框的第二部分，并且这根大阳线正是第二部分内部的加速段，加速段一结束即意味着第二部分也完成了一大半。

加速，代表着正在进入高潮，高潮一旦发生，很快就将进入收尾阶段，尾一收则全剧终，这是事物发展的必然规律。

形态，已经走到了接近极限的边缘了，而此时的价格已经离位置的极限也不远了，位置的极限就在图5-13上半部分标示的右肩，右肩的高点产生在当时的主力合约2209，这个逻辑与本章上一节的镍是一样的。

这个右肩——牛市的肩膀——是反弹不可能逾越的位置。

说话，是对市场的尊重，是对职业的尊重，更是对规律的尊重。

你对未来越有信心，你对现在越有耐心！

……

但是，毕竟不是你说完行情就会掉头下来的，这个市场无论是股民还是期货交易者，大多数情况下都有一个共同的心理特征，就是心里想的是大波段大行情，但实际焦虑的却都只是当天的涨涨跌跌，或明天是涨还是跌。

《苦难辉煌》里有一句话：真理真相在没有揭晓答案之前的大多数时候，并不是一轮光芒四射的红日，更多的时候它可能只是黑夜中远处的一道电闪，甚至是更遥远的前方一缕若明若暗的微光，在结果没呈现出来之前，一切似乎仍然扑朔迷离。

市场还有一周的时间就要休市了，因为春节快到了，这一周的纯碱仍在向上运行，虽然事后来看那只不过是反弹的收尾阶段而已。

但是，若对未来不坚定，则必然迷茫于今天。

对事物发展进程的把握，对行情运行过程的把握，大体上可以分为三个层次：一为技法，二为心法，三为道法。

技法，即是大家平时口中所讲的技术分析，但技术分析在K线图表这一块也分为两个层面，一些指标类的分析属于较低层次的技术分析，因为这一类的盘面分析确实没什么技术含量，比如说均线。真正能称为技术分析的盘面分析，一定是蕴含了较高的技术含量，对图表的价格、资金、时空关系等一系列的、可以形成明确逻辑的各类矛盾，进行综合分析才能算是真正的技术分析。这种综合分析也可以包括基本面方面，对库存、供需、开工率等的数据进行分析，也考验着分析者对各类数据的横向、纵向比较，能不能抓住主要矛盾，形成有较高技术含量逻辑推导。

不懂技术分析肯定不行，就如小学中学阶段的义务教育，这是步入社会的基础知识，不论是图表方面的技术分析，还是基本面方面的技术分析，至少要懂一个，最好是两个都要懂一些，形成一套自己的逻辑分析体系。

但这仍然只是处在市场食物链中较低层面的东西，老交易员们都知道这样一个事实，即技术分析在这市场里有天花板，在这一层面达到一定的水平后，可以保证自己远离亏损，但是想在实盘交易中取得可观的成绩却并不容易。

所以当技术分析精进到一定程度后，如果有那么一段时间反复发现自己似乎看对的行情总是不能很好地把握，甚至做对了方向还会亏钱的情况，那么一定不要再迷恋于技法本身，甚至还想着要不要去学一些别的技术方法来弥补自己的缺漏，这样的努力收效甚微。

因此技术分析的水平达到一定阶段后，要尽快脱离这个心理舒适区，要更多注重自己在心法层面的成长、强大。

心法，心之法！

换一个大白话的说法就是价值，正确的价值取向。在市场每天的涨涨跌跌里，我们更认同什么，什么对我们更重要？

一个交易者如果太执着于盘中的短线波动，必然是看不清未来的方向的，明天是涨是跌很重要吗？

可能大多数时候，交易者更多的只是关心明天是涨还是跌，因为涨与跌是能一眼看到并能看明白的，但这真的不是很重要。

更重要的事是价格走到了这里，它处在了趋势的哪个位置！

如果此时处在一个趋势开始的初段，那明天最重要的事是价格的涨或跌改不改变对趋势初段的定义。

如果处在了趋势的中段，那明天无论是涨是跌，影不影响我们继续认为趋势没变的看法。

如果已经到了趋势的尾段，其实明天不管是涨还是跌，都改变不了趋势将要掉头的结局。我们更认同的是对位置的判断，而不能是谁都可以一眼就看明白的当天盘口的涨或跌。

这些，可以称之为心法，对趋势的价值观，将决定我们在不在意明天的 K 线是阴还是阳，对势与位置的认识，将决定对市场未来一段时间的价值取向。

做股票也好做期货也好，都是把希望寄予未来，我们的成就取决于市场"未来一段时间的整体表现"，如果只是明天的涨或跌使我们无法自拔，最终或将一无所获，不过，正是因为未来在当下光靠眼睛是看不见的，所以若想看见当下还看不见的未来，仅仅停留在技术分析的维度是肯定不够的，只能靠心，为心之法。

心之法即价值观，而正确的价值观一定是取法于市场，取法于大自然的规律，取法于道。

……

纯碱在 2023 年春节前的一周里仍在涨，虽然节奏已经放缓，幅度也并不大，只是春节放了九天假，也把结果悬在了半空中。

春节后开市的第一天是 1 月 30 日，开盘高开低走，这一天 2305 合约把反弹的最高点找到了，2309 合约或许是因为绝对价格低，在后面仍然短时间创了个新高。图 5–14 中将两个合约时间轴对齐，过年后直到 4 月份之前，其实价格整体还是一个横盘震荡的状态。以图的上半部分 2309 合约标示的 2548 这个 K 线的时间点为界，如果没有后面两个月单边下跌的行情显示出来，仅仅只看2548这个时间之前的图表，或许仍会有一种涨势转入了震荡、震荡完会继续上涨的感觉，仅仅靠眼睛看至少它不是一个明确下跌的图表。在图的下半部分2305合约上叠放了一个聊天截图，时间正好就对准了2305合约最高价的这一天，截图里这位同学最后还是没忍住，私信与笔者聊天很尊重地称"您"，还配了个很可爱的表情图，当然，这位同学并非职业交易员，有着自己的事业，平时工作也是比较忙，爱好交易嘛。

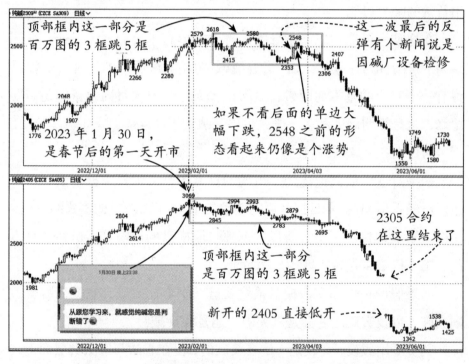

图5-14 纯碱的第二秀发生在2023年，没让人失望

相信绝大部分交易者都有过相同的心路历程，就是当结果出来之后，再回头看当时似乎懂但又不敢确信的那个地方，好像真的能看懂了，心里也许会想如果下次再遇到类似的情况，一定可以把握到，但事实是下一次出现的形态，即使在大感觉上差不多，但细节上一定不会完全一样，而如果对势和位置的判断不够清晰，则大概率会因细节的不一样导致临时再起纠结。

心态或许是一部分的原因，但如果将问题归结于心态则没有实质意义，在心态的本身可能永远都不可能真正解决心态问题。

心态问题通常出现在技法的层面，主要还是因为技术分析在很多情况下都是两头通的，正如一个横盘之后向哪个方向突破，技术分析的层面可以得出向上或向下都对的结论。

再往前进一步，突破后是真突破还是假突破，同样是技术分析可以得出真假都可以的结论，所以我们需要从心法与道法的维度来判断出行情的唯一可能。

在这唯一可能的思路指导下，再去看形态本身的技术表达，在图5-14的右上角有一段释文，指着纯碱2309的最后一波反弹，这波反弹有一个对应的基本面因素，是阿拉善天然纯碱项目因设备问题需要检修，这是很明确的利多，于是价格又涨到了2548。

为什么在2548便停住掉头而下了？

如果对本书前面论述的"市场的百万图"已很好掌握，读者朋友也许已经看出端倪，第3框之后的调整是个"大而松散"的多头结构（结构图就不具体标示了），所以顶部那一段横盘的形态其实已经是百万图的第5框了，是转折区的形态特征。

如果假设顶部那一段横盘最终要选一个方向突破，它会向哪个方向突破，以及突破之后会是真突破，还是假突破？

其实不用假设，突破是一定要突破的，但在心法与道法的层面上，唯一的可能只能是向下突破，突破也只能是真突破，即使在突破位附近做个回调的假动作，也仍然要重新跌下去的。

信念，来自于信仰，而孤独，是信念的必然产物。

信念，是一种孤独。

第六章　原油与大宗商品的潮汐

　　大海里，每只船都有各自的航向，但所有船都会受到大海潮汐的影响。

　　潮汐，不改变船自身的航向，但可以影响到船的运行节奏。

原油是全球大宗商品的大盘

能源是工业的粮食、国民经济的命脉，原油作为世界上最重要的战略资源和传统基础能源，既是一个独立的最大宗商品，又影响渗透到社会经济生活的方方面面。

在商品期货领域，大家感受最直观的是能源化工类商品受原油的影响比较大，忽略了其他类商品与原油的关系，期货交易者大多数把文华指数当作商品期货的大盘，这是理所当然式地照搬了 A 股大盘是上证指数的逻辑关系，也对，也不对。

A 股的大盘是上证指数，这一点没有任何争议，虽然市场上早就有一句"重个股、轻大盘"的说法，但从大资金的角度来说，做股票一定要考虑大盘的安全度，因为大盘如在其本身形态上是个明确的下行状态，基本上一定表示绝大多数个股都是要跌的。A 股的大盘虽然只是众多股票集合起来的一个指数，但它已然强大到可以反过来影响个股的短期表现了。

按照 A 股的逻辑，把商品期货所有品种集合成文华指数，文华指数确实反映了所有品种的综合状态，但唯有一点是文华指数与上证指数不能比的，就是文华指数从来没有强大到可以反过来影响具体的某个期货品种，所以如果单独分析文华指数的涨与跌并没有什么实际意义，因为它的涨与跌本身就是所有品种综合在一起赋予它的，但大资金并不关注它的涨跌。

而上证指数是受大资金关注的，这包括国内的与国外的资本，更因为它内含了政治的经济的等等因素，这方面是文华指数完全不能比的，从这一方面来看，原油却是全球所有大宗商品里，内含政治经济等因素最充分的一个品种。

中国的通胀主要看猪肉，美国的通胀主要看原油，在美国的 CPI 数据里面，原油占据着最大的比重，同时它也是很多大宗商品的上游。

当原油的价格高于 80 美元时，通胀大概率已超过了健康值，而价格低于 40 美元时，则通缩可能已经开始，在通胀与通缩的层面上，等于是原油的价格在直接或间接地影响着全球所有商品的价格。

所以说，原油才是全球大宗商品的大盘。

这个逻辑并不复杂，内在的关系能想到就能理解，只是很多投资者来到这市场，可能在很长的一段时间里，对市场的思考只是局限于技术分析本身，所以只是按照 A 股的指数关系简单套用，而忽略了技术之外的政治经济等因素，故而误用文华指数类比于上证指数来分析市场整体状况。

如果只是分析过去的一段时间市场综合表现，求得一个平均值的结果倒也没什么，但如果根据当下的文华指数形态去预判市场未来一段时间怎么走，就难免会出问题。

但是很多的期货交易者并不十分了解原油的属性，也不太了解国内期货市场除能源化工板块之外，其他板块的走势与原油有什么关系，因为没找到原油对整个商品市场的重要意义在哪儿，也没找到重要的相关性在哪儿，所以没意识到为什么不做原油还要去关心原油，可能也从来没想过原油期货才是真正的期货市场大盘。

中国最大的商品和全球最大的商品

期货市场公认的，与外盘涨跌关联度最小的，当属黑色系。十年前，中国期货市场以与国际接轨之名义开了夜盘交易，刚开始时期货人都觉得很兴奋，因为晚上有事干了，但时间一久大家就发现，夜盘太影响人的正常作息，于是就有业界的前辈呼吁取消夜盘。

因为开夜盘的名义是与国际接轨，叫法并没有什么问题，所以要全部都取消似乎也不太好，但黑色系几乎不受外盘的影响，很少因为隔夜外盘的涨跌而大幅跳空开盘，所以黑色系是不需要开夜盘的。同时黑色系是与中国的最大产业房地产业绑定在一起的，完整的产业链上下游基本都在国内，是中国自身主导的大宗商品，所以黑色系适宜取消夜盘交易。

为什么要说这些呢？为了说明黑色系确实与原油的相关度比较低，同时黑色系的主心骨螺纹钢是中国期货市场最大的品种。

2016年4月21日，有关螺纹钢期货的两个说法在市场广为流传，一是螺纹钢当天的成交额超过了沪深两市的总成交额，二是螺纹钢这一天的成交量超过了2015年的钢产量。

4月21日和22日两天成交按当时的双边计算均超过了2000万手，一个品种的成交价值接近6000亿元，这个数字创造了当时国际期货品种的交易量纪录，这两天的成交是迄今为止最大的量。

伴随着这样的天量成交，牛市的第一波上涨在半信半疑中暂时见顶了，然而长达六年半的牛市在这时才开始，事后来看这两天的天量成交可以视为是牛市的冲锋号。

只是，它与原油有关系吗？我们用同样的方法把螺纹钢与原油放在一起看，时间轴当然要对齐对准，见图6-1。

图的上半部分是螺纹钢，下半部分是原油，由于时间跨度比较大故而用的都是月线，图中从上到下画了五条时间竖线，分别用字母ABCDEF标示。

时间A之前，是2008年因美国次贷引发的金融危机之后做出的四万亿放水而催生的行情，催出了A股大半年的上涨和期货市场两年出头的小牛市，因为这个放水就是在救美债，理所当然原油也同步在涨，在A的时间线右侧螺纹钢转入了五年的熊牛，原油延后了两个月见顶，在高位横盘震荡了很久，最后还是跌下来，这个下跌是因为其本身就处在熊市周期里。

行情走到了时间B处，原油的价格已低于2008年金融危机的最低价，实际上我们可以理解为金融危机导致的下跌本就没有跌完，是四万亿的出台在当时阻挡了其进一步下跌，但金融危机遗留下来的问题并没有完全解决，所以时间 B 的价格低于金融危机时的最低价，是市场仍在解决历史遗留问题。

价格更低了代表对遗留的问题已有所解决，也意味着这个位置再向下就没有太多的预期了，同时，30 美元以下的价格也仅仅只高于全球产油国中成本价最低的中东地区，再向下跌真的没太大空间了，所以这个位置上可以认为风险是不大的，甚至是安全的。

在这个位置上中国出台了供给侧改结构性革政策，使本已价格很低的螺纹钢提前两个多月见底了。

于股市来说，大盘（上证指数）对于个股的重要性在于位置的安全度，于期货市场来说，大盘（原油）对于其他板块或具体品种，同样也是这个道理。

短线交易者需要注意的是，因为图用的是月 K 线，所以一根 K 线即是一个月的时间，在图的 A 处螺纹钢比原油早两根 K 线见顶，在 B 处早了三根 K 线见底，这样的误差在实际中就是两、三个月的时间。

为什么很多散户朋友搞不清楚为什么要看大盘？

因为看不出什么具体而清晰的感觉，因为每天盯着盘中的短线波动，别说两、三个月的时间差，可能一个星期的等待都难以忍受，缺乏大局观的培养就很容易迷失在当下，无论当下短期的价格是涨还是跌，最重要的一个判断就是"位置"。

即当下处在整个大势的哪个位置：初段、中段还是尾段，偏高、偏中还是偏低？

位置，代表的是安全度，其意义是在战略层面要求我们对未来做怎样的规划。

从时间 B 至 E，是供给侧去产能政策主导的整个黑色系螺纹钢的牛市，内部分为两大波上涨，第一波为 B 至 C，第二波为 D 至 E，我们来看看与原油相同时段的高低点是什么对应关系。

如果我们把大盘比作大海，具体品种比作船。

　　那螺纹钢就是船，它在大海原油的安全位置扬帆起航了，它的航行是有自己具体使命的，它要去完成去产能赋予它的牛市征程。

　　从图6-1的时间线C至D这一段看，螺纹钢运行的是牛市中途的震荡调整，原油在这一段时间却是再创熊市新低。

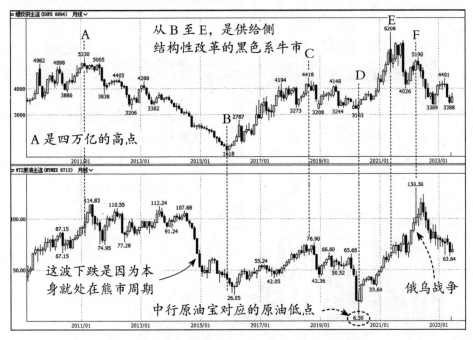

图6-1　螺纹钢与原油的牛熊对应关系 月线

　　可能很多投资者在看这一段行情时会产生迷糊，因为在D这条时间线上原油的价格是延续熊市的下跌，所以螺纹钢的牛市与原油对比，不是个股或具体品种与大盘的关系，即不是船与海的关系，这里其实有个视觉偏差问题。

　　因为在时间线D处，发生了一起临时修改规则的事件，这种操作与上一章讲的伦敦镍是一样的，镍是因为发现了空头持仓故而临时改规则恶意逼空，原油是因为发现了中行的原油宝理财产品有很多的多头持仓，为了打爆这些多头，交易所背后的资本临时把原油期货的规则修改了，竟然修改成原油的价格可以为负数，如果翻译成大白话就是我把原油卖给你，你不用付钱，我倒给你钱。

　　当时是在 2020 年的 4 月下旬，正好有一些中行的客户持有即将到期 5 月合约原油宝理财产品，于是这帮资本大鳄临时起意修改规则，在 4 月 20 日的中国夜晚时间（纽约交易所的白天时间），把 5 月合约的价格直接向下打到了 −40 美元，如图 6-2。

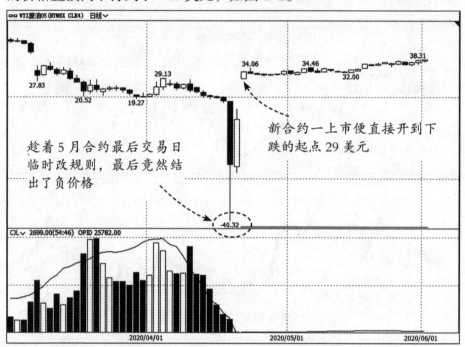

图 6-2　原油 2020 年的 5 月合约　日线

　　所以从具体情况来分析，这种事情只能给它定义为偶然性的，事实上除了 5 月合约，其他的合约没有一个价格跌到了负数，而在期货市场与原油联动性最强的燃料油与沥青，在当时并没有跌破前一个 2016 年的最低点。

　　因此事情可以一分为二地看，一是它确实在客观上创了新低，市场可以包容临时修改规则使当时原油 5 月合约跌到了 −40；二是如果没有这起临时的偶然事件，从燃料油与沥青的同步性可以认为原油是不会创新低的，再去二着一，一就是位置，不管创不创新低，那个位置都是属于低位的定性，都是安全的位置。

　　那么在 D 的这条时间线上，原油作为大盘的作用，不管当时有没有偶然情况，不管当时形成的最低价是多少，只要那个价格被随后的回升确认了，即表示从时间 C 开始的下跌结束了，则可以表示螺纹钢在同时间段的调整结束了。

在时间 C 至 D 这一段，之所以原油跌得这么低，而螺纹钢看起来只是横盘震荡并没有回调很多，是因为船本身是有自身航向的，虽会受大海落潮的影响，但自身向上的方向并没有改变，所以原油下跌结束即是螺纹钢的调整结束，大海落潮结束则是船震荡调整的结束。

这就是看大盘的意义。

在螺纹钢调整形态完成之时，正好对应着原油价格处在一个非常低的安全位置，则这个调整形态完成后对应的上涨预期就足够大。

从时间 D，即 2020 年 4 月 22 日，原油以 5 月合约的负价格作为起点，开启了一波为期两年的牛市，对应着螺纹钢牛市的第二波上涨，即 D 至 E 时间段。

在 E 的时间线上是 2021 年 5 月，螺纹钢的牛市结束了，可以理解为船自身的航程使命已结束，但原油的牛市并没有结束，不仅没有结束，原油此时的价格还没有涨过时间线 C 的高点，在 8 个月后还有一场俄乌战争在等着。

只是螺纹钢的牛市确实已经结束了，价格已超过了四万亿牛市的价格，还想怎么样？

此时原油的价格并没有同步超过四万亿的高点，而是后面用一场俄乌战争把原油的价格送上去了，这样两者一前一后的时间在牛熊属性上就都完整了。

当原油的价格在战争中最后冲向 130 美元时，图中标示的是时间线 F，这时的螺纹钢实质上是反弹，所以价格无法再接近高点，用位置来解析这时的盘面，即对于多头来说，原油的价格已超过四万亿的高点，并且已接近 2008 年 147 元美元的历史最高点，可以说这个位置是偏高的，是危险的。

大盘处在高位，对于具体品种来说是不安全的位置，但如果对于空头来说则情况反过来了，是安全的位置。

这就是品种与大盘的关系，是船与海的关系，这种关系在 A 股市场同样大道相通。

原油冲顶与百万图的完美结合

2022 年 2 月中旬俄乌战争打响了，这时美国的通胀率高达 7.9%，原油就在这个时候开始了加速上涨，是以 2020 年的 -40 美元为时间起点的牛市的最后一冲。

最后一冲是建立在整个牛市最后一波上涨的基础上的，这一波可以从 2021 年 12 月 2 日算起，因为这是牛市途中的一波下跌的结束点，当时的价格为 62.43 美元（见图 6-3），那这里就是新的一波上涨的起点。

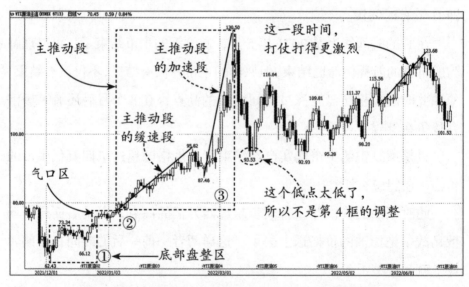

图 6-3　原油最后一波上涨的百万图三个阶段　日线

战争，总是能让对原油的上涨产生不知道能涨到哪儿的念头，但是当价格高过四万亿放水高点 114（小数点省略）美元时，再继续向上涨就看到了 2008 年的牛市高点 147 美元了，能过去吗？

如果在加速上涨的那几天总是看新闻，每天总能看到几篇打仗的消息，但如果读者朋友一直在按照顺序读本书，一定知道趋势发展途中的加速意味着什么。

加速一旦开始便会很快进入高潮，高潮之后就是收尾阶段，而这个加速段本身已处于百万图第3框的第二部分，我们可以不知道加速至收尾到最后的具体高点在哪里，但一定可以清楚地知道当第二部分的幅度与第一部分差不多或超过时，第3框就快结束了。

那其实很好算，第3框结束时如果价格在147之下，只要随后的盘面表现出第4框的形态特征，就可以继续期待一个第4框调整区的调整结束再冲一波，这一波如果能过就过，过不去就意味着本轮牛市最后一波上涨的主升浪已经结束。

图6-3中实际的盘面显示，价格冲到130美元时当日盘中大幅震荡，然后没几天价格便回落到93.53美元，这个位置正是百万图主推动段内部的第二部分加速段的起步位置，这种盘口很明确地表达了回调的低点太低了，太低了就不是第4框的调整，而是跳框跳到了第5框，所以可以认为牛市已经结束了。

或许有人会想，战争才刚刚开始，如果战争仍在继续，后面会不会重新整理再重新上攻？有这种想法也很正常，但如果这么想一定是没理解市场已包容了一切信息，包括所有我们已经知道的和还不知道的，在包容一切信息的基础上用价格表达自身的意志。

要知道这一波上涨它真正的起点是在2020年的4月21日，这一场战争也不过是这一整波上涨、这一整波牛市的一部分利多因素而已，市场用价格说话，当价格回撤到战争打响的起步位置时，既表明价格涨到130美元是对利多因素的肯定，也表明对这一具体利多因素的消化。

同时在形态上完成一波上涨趋势的主推动浪，而在这个市场里任何一个周期内的一波趋势，其内部都只能有一个主推动浪，这是由市场属性决定的。一个主推动浪里只有一个主推动段，正因为是一波趋势的主要行情推动阶段，所以主推动段可以细分两个阶段，一为加速段另一为缓速段，这两部分不管谁先出现，只要一前一后都出现并显示完整时，即表明主推动浪结束了。

当然，主推动浪的结束并不是百分百表示趋势结束了，从波浪理论的角度可以把主推动浪标示为第 3 浪，那么就有可能还有个创新高的第 5 浪。

而从战·体系百万图的角度，当第 4 框的回调太深时即代表跳框跳到了第 5 框，第 5 框的定性是转折区，转折表示的是趋势在形态上要做出一个反转的结构。

如果牛市本身没结束，可以在反转结构做成之后（反转做成了就代表市场自身对跳框做了交代），再重新涨上来，延续牛市的方向继续向上涨。

如果牛市确已结束，则反转结构将直接成为对转为下跌趋势的确认，这种走法也符合波浪理论的精神，如图 6-3 在最后涨到 123.68 美元掉头向下，可以标示为失败的第 5 浪，虽然这种标法并不科学。

图 6-3 中最后一段上涨时间已到了 2022 年的 6 月份，如果一直对俄乌战争的新闻有留意的话，可能还会记得那一段时间双方打得比 2 月份战争刚爆发时更激烈，但我们观察盘面 K 线的表现时，却能明显看到这一段上涨的 K 线连续性明显不如 2 月份流畅。

同样的因素只是换了时间，4 个月后市场自身的表现大相径庭，这样的盘面表现是作为一个交易者应该即刻警惕的，同样的战争事件驱动因素，第二次比第一次内在驱动力更足，价格作为被驱动者却不如上一次的表现，这就是变盘的盘口形态。

图 6-3 中的 K 线截止时间是 2022 年 6 月 24 日周五，如果仅仅看着这样的 K 线图表，或许只是将它解读了涨势中的震荡而已，事实上在当时确实仍有一些朋友还在看涨，因为仗还在打，美国的通胀亦是居高不下，所以笔者在这个周末写了篇文章发在公众号上，标题为《通

胀虽然还在，牛市已经结束》，见图6-4。文章的内文在这里就不重复了，主要的论据就是本章节讲述的逻辑，除了战争通胀这些图表之外的因素，主要就是百万图的五框理论所揭示的市场牛熊属性。

这也符合美林时钟理论滞胀期的特征，就是低GDP和高CPI的现实。滞胀的表象是通胀和同时GDP却已经在下降，对应到行情图表滞胀可以包括顶部盘整阶段到下跌至中段的时间，然后才是衰退期。

图6-4　2022年6月24日的公众号文章

如何从潮汐中找到确定性的行情

对于自然界的很多现象，如果没有书本理论知识的提前学习，或者是长辈们的传授，即使发生了也不知道是为什么，比如说月全食在人类还没有科学认识之前，古人称其为天狗食月，认识之后才知道是当月球、地球、太阳完全处在一条直线上，地球处于中间正好全部挡住太阳光，这时整个月球全部走进了地球的影子里面，所以发生了月全食的现象。

海洋的潮汐是因为月球和太阳的引力造成的海水定时涨落，但我们如果没有理论知识的提前学习，即使在海边看到了涨潮也只是看到了海水在上涨，但并不知道海水上涨的背后原理是什么。

这些自然现象被我们看见了，如果我们并不打算在这方面有所成就，其实我们大可不必管它背后的原理是什么，毕竟这并不影响我们的生活与工作。

但是我们来到了市场——

起初只是每天看着 K 线的涨涨跌跌，并不知道为什么有的涨有的跌，慢慢学了一些所谓技术分析的皮毛之后好像有所了解了，哦，那涨是因为突破了。

我们如获至宝般地天天找突破，可是找着找着却总是发现突破之后价格又杀回来了，于是在痛苦中又知道了假突破的现象是更多的，哦，那跌是因为假突破。

可是，再看看发现又不对了，因为假突破刚成立没多久价格竟然又重新涨上去了，头脑开始有点晕乎乎的感觉了。等冷静下来找点指标配合着看看，却发现指标总是事后才能证明是对的，且时灵时不灵，最厉害的均线竟然也是滞后的，兜了一圈回头再来研究 K 线组合、经典形态、量价理论，却又陷入了做对的行情没拿住，该出来的单子却因迟疑总被套，如此循环往复，日复一日。

终于意识到要去研究基本面，在这个过程中进一步了解到宏观面也很重要，然而在感觉有所收获后再投入市场，却总是遇到市场在行情的节奏上与基本面宏观面并不会同步。

转了一大圈之后，我们还是不能真正知道上涨是为什么上涨；不知道上涨的途中出现震荡了，要震荡到什么时候；不知道行情最终将会走到哪里；不知道震荡将会何时结束。

但是我们来到了市场，如果一直对这些涨跌不明就里，就肯定会影响我们的生活了，我们需要去了解这些涨涨跌跌背后的真正原理，我们需要从局部零零碎碎的涨跌中跳出来，去认识市场的全景图。

来看一个煤化工品种甲醇与原油的潮汐关系。把原油比作大海则甲醇就是船，需要注意的是船虽然航行在大海里，但船有自身的航程使命，在自身航程使命完成后，即使大海仍在涨潮，船也不会改变返航的方向，而如果自身航程使命没完成，纵使海水落潮船也会在海水落潮的企稳间隙去继续完成自身的航程使命。

图 6-5 是甲醇与原油的周线图上下叠加，图里显示了前一波牛市的全景。甲醇与原油都是在 2020 年的 4 月份开始了牛市，只是甲醇最后那几天没有因为原油临时改规则暴跌至 -40 时跟跌，所以甲醇早了几根 K 线见底，但甲醇在俄乌战争爆发前就结束了自己的牛市征程。

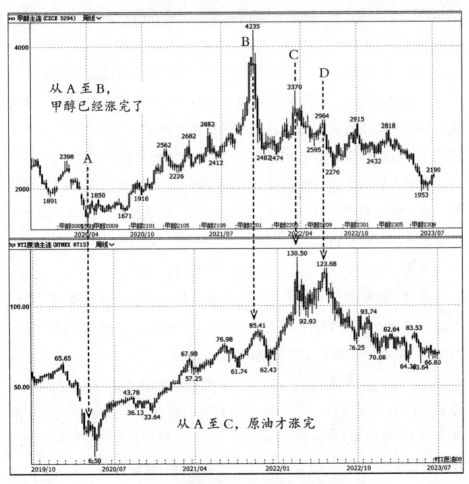

图 6-5　原油与甲醇的潮汐关系　周线

图中的 A 至 B 时间段里两者的方向是同步的。

而在时间线 C 上，原油在战争中涨到 130 的时候，是继续原方向上涨的定性，甲醇的价格虽然同步在上涨，但定性只能为反弹，这里的潮汐关系是船（甲醇）在 B 的时间线上，已完成了自身的航程使命并已转为返航的下跌，在返航的途中受到了海水（原油）涨潮的影响价格再次向上运行，但返航的任务已确定下来，所以它不可能再涨到时间线 B 的高点。

从 B 到 C 的两条时间线、两个高点，是甲醇与原油相互验证的关系，因为在 A 至 B 的前大半段时间里，两者的上涨在节奏与速度上大体是同步的，但在接近 B 的最后一段时间里，甲醇开始一鼓作气加速上涨，速度远远超过了原油的涨速。

加速，即意味着很快会进入高潮，然后进入收尾阶段，这是其一。

如果加速代表着甲醇从这个时候开始比原油更强了，那么在 B 的高点回落之后再涨向 C 时，原油开始加速之际甲醇应再次加速才对，实际甲醇这时的涨速力度大为减缓，这叫此消彼长，这是其二。

两者在涨向 C 高点的时候，则是原油在验证甲醇是不是已经涨完了，验证的结果甲醇只是反弹，所以可以认定甲醇已经提前于原油走完了牛市，而原油的顶在上一节已经论证过此节不再重复。

这样，后市看空已经由技术性转为确定性。

这时再转到图 6-6，仍是上下叠加放在一起看，由于改为了日线周期，内盘甲醇因节日休市比原油少了几根 K 线，所以为了对齐 D 的时间点，C 在上下图有少许错位，

C 的时间点是原油的顶，但是是甲醇的反弹的高点。在 C 之后的回落再涨向 D 时间线这个反弹中，图中标示原油为海水涨潮，同时间甲醇也在反弹，这时根据盘面已有的潮汐关系，以及本书前面论述的其他方面的逻辑关系，应该可以意识到随后将会出现一次绝佳的空头机会。

首先甲醇在大周期确定为下跌的基础上，自身的形态从 C 高点向下跌是震荡式的下跌，那么经过一个反弹后再重新下跌，有极大的概率是转为单边式下跌，这是市场本身固有的一种转换关系，同时从趋势发展过程来说，一波完整的趋势总是会有一个单边推动的阶段，如

果当前这一波不是单边段，那很可能下一波就是。

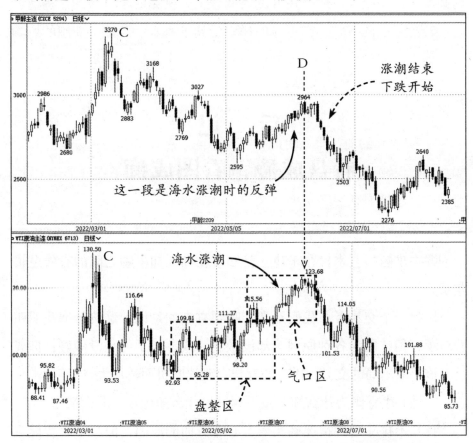

图 6-6　原油与甲醇上一图的局部放大　日线

其次原油如果可以通过上一节的论证，得出 130 美元是牛市结束点的话，则在向时间线 D 的反弹中，价格越是接近 130 美元就越是即将要掉头的位置。

读者朋友如果此时已掌握了百万图的盘口规则，同样可以按图 6-6 中标示的"底部盘整区"到"气口区"的解盘方法，来分析气口区的盘口特征，当盘口不符合规则时，便是破绽，破绽即代表上涨将结束。

当然在本章节可以视为海水涨潮的结束，同时甲醇反弹结束，在时间线 D 之后便是一波确定性的空头机会，这一波下跌在确定性的加持下顺畅地跌了超 20% 的幅度，是保证金可以翻两倍的行情。

后　记
看盘成瘾，看图成痴

　　解决难题的艺术，在于建立已知事物和未知事物之间的有效逻辑联系。

　　作为一个交易者，我们经常会听到有人如是说：这波行情我明明看对了，但（因为各种原因）却没做到，或参与了可是没做好；抑或是本该果断出局的交易，因为心存侥幸延误时机而铸成大错。

　　于是心生感慨为什么知道做不到，为什么知行合一那么难？

　　我并不排除这种情况确实或有心态方面的原因，但一个心智健全的人不能总是把错误归结于心态，这无益于我们的成长。

　　或许我们一直误解了"知道与做到"的关系，事实上在生活中很多事情对于我们来说，都是可以在只要知道的情况下便可轻易做到。

　　我们知道明天还要起来工作，于是晚上不会太晚就会休息。

　　我们知道外面正在下雨，不打伞一定会把衣服淋湿，于是出门时便会带上雨伞。

　　我们知道刚刚烧开的水很烫，所以我们不会把手伸进滚烫的水里。

　　……

　　凡此种种，都可以证明我们知道该怎么做便会怎么做，这不是很好地说明了我们可以轻易地做到知行合一吗？

　　问题是生活中的这些事情，我们是真的知道，但在交易中我们有过多少次问过自己，我是"真的知道吗"？

　　市场每过一段时间都会出现一波趋势性行情，有一种情况是交易者通常在错失当下正在发生的行情机会后，会寄希望于下一次类似的机会，然而当下一次机会出现时，由于某种原因仍然又错失了。

　　另外一种情况是因错失了当下的机会，于是根据当下行情特征主动去寻找另一个机会，可是实际发生的情况是虽然果断地参与了，但行情只是开了个头，很快便不再按主观的希望去演化了，这时虽然出现了应该出局的盘面特征，但由于当时的亏损还不大所以犹豫了，只是拖到最后再也不能忍受时只能含泪砍仓出局。事后，仍然会自我埋怨为什么知道情况不对却不能果断出局？

　　这是比较常见的两种情况，一是自己知道有一波趋势行情将要发生，但自己没做到而错失一波很大的利润；二是自己知道在某种情况下应该先离场，但实际没有离场导致亏损加大。

　　类似于此类问题的出现，在大多数情况下我们似乎只能被动地承认知行合一真的是太难了，以至于我们经常会看到诸如"如何才能做到知行合一？"之类的文章，甚至还会有专门的训练，用鼓励、心里自我暗示等方法，使有此类问题的交易者达到心理强大的结果。

　　然而，解决难题的艺术，在于建立已知事物和未知事物之间的有效逻辑联系，胃疼时吃感冒药是没有用的，自我暗示感冒药也是药并不能真正解决问题。

　　我们需要解决的是，我们真是知道一波趋势是怎样发展的吗？

　　趋势在起步时有几个必要的动作需要完成，这几个动作在盘面上有什么逻辑推导关系，其中有没有可以省略的步骤，当哪一步完成时我们不能再等必须进场……这些我们真的知道吗？

　　我们需要解决的是，我们真的知道在出局信号出现时仍心存侥幸的后果有多严重吗？

在一段下跌的行情企稳后开始反弹，如果我们把反弹当作了上涨的开始，然而买进后不久就发现趋势出现了破绽，我们能真的认识到这破绽的出现是代表着下跌又要开始了吗？

……

如果我们真的能认识到这些，为知道。

当我们真正知道了这些，在恰当的时机从容进场，在该出局时果断出局，还会很难做到吗？

所以笔者在本书最后想表达的是：凡是我们真正知道的事，没有哪一件是不能做到的，做到知行合一难不难，并不值得花太多的时间去讨论。

难的——在知、在认知。

我们需要做的是更加全面客观地认识市场与认识自己。

从方向上划分，市场只有两个有效的趋势，一是涨势，二是跌势。

从时间上划分，市场也只有两个趋势，一是现在的趋势，二是未来的趋势。

顺势而为并没有错，但我们需要搞清楚的是位置。

如果现在的趋势还处在初段或中段的位置，我们应该顺现在的趋势，如果现在的趋势已经处于尾段的位置，那毫无疑问我们应该顺即将要到来的未来的趋势。

从行情的状态上划分，市场只有两种状态，一是趋势状态，二是震荡状态，趋势行情总是在震荡结束之后发生，震荡行情亦是在趋势走到一定的阶段后展开。

所有的这些，作为交易者的我们，都可以通过看图得以认识，K线是一门语言，与市场沟通我们需要掌握这一门语言，不求百分百精通，起码要达到日常沟通无碍的程度，所以我们不能在仅认识有限的几个单词之后就认为我们认识了市场，就认为我们知道了。

在这个认知的层面上，当我们表面上在谈"知道与做到"的关系时，也许内心实际是在谈"想要与得到"的关系。

诚然，我们生活在这个大千世界，我们在所有的领域都在赚认知的钱，我们每个人都有梦想，但事实是大多数都实现不了。

想要与得到，中间的过程是做到，做到的前提是知道，是真正的知道，不是一知半解的知道。

只有在这个市场，我们无须再抱怨任何的不合理和不公平，绝对的合理和公平在任何地方都不存在，只有这个市场可以说是最接近合理和公平的，因为每一个最新的价格跳动都会同时呈现在我们所有人的眼前，行情的任何一个变动，都不会因为你是机构还是散户而在时间上有所先后。

价格图表，对所有人都是公平的。

价格是市场最真实的语言，价格连续跳动所组成的 K 线和形态图表，是我们最忠实的朋友。

看盘、看盘。

看盘成瘾，看图成痴。

二〇二三年八月八日